生意是谈出来的

张笑恒 著

SHENGYI SHI
TAN CHULAI DE

修订本

中国民族文化出版社

图书在版编目（CIP）数据

生意是谈出来的 / 张笑恒著 . -- 修订本 . -- 北京：中国民族文化出版社有限公司, 2021.1

ISBN 978-7-5122-1444-6

Ⅰ.①生… Ⅱ.①张… Ⅲ.①商务谈判—语言艺术 Ⅳ.① F715.4

中国版本图书馆 CIP 数据核字（2020）第 271988 号

生意是谈出来的 修订本

作　　者	张笑恒
责任编辑	张　宇
责任校对	万晓文
出 版 者	中国民族文化出版社　地址：北京市东城区和平里北街14号
	邮编：100013　联系电话：010-84250639　64211754（传真）
印　　装	三河市祥达印刷包装有限公司
开　　本	710mm×1000mm　16开
印　　张	16
字　　数	200千
版　　次	2021年7月第1版第1次印刷
标准书号	ISBN 978-7-5122-1444-6
定　　价	49.80元

版权所有　侵权必究

前 言
Preface

通常能否做成一笔生意，往往在于交谈的结果。有人缺少"嘴上功夫"，笨嘴拙舌，词不达意，跟客户话不投机，因而很难把生意做成。所以，拥有谈生意的"金口"是非常必要的。

拜访客户时，我们若是一进门就开始滔滔不绝地介绍商品，一般很难达成交易。因为客户面对陌生的我们，最初是有戒心的，刚一见面就推销产品，自然会遭到对方本能的拒绝。所以日本销售专家二见道夫说："一开口就谈生意的人，是二流业务员。"

此时，我们要做的是说些客套的开场白，消除彼此之间的隔阂，创造轻松的会谈氛围。比如说："下午好，我是××，很高兴见到您。您办公室装修得虽然简洁，但很有品位，可以想象得出您应该是个做事很干练的人！"即便是简短的几句话，也可以帮助我们有效地吸引客户的注意，赢得客户的好感，最终做成生意。所以，客套话千万不能省，而且要尽力打动对方。

很多人总在疑惑，自己的产品这么好，却没有人买，而别人的产品好像还不如自己的，却大为畅销。其实，并不是你的产品不好，而是你没有把握住客户的心理，没有满足客户的某种需要。所以，就算说得再多，若是说不到关键上，摸不透客户的心理，还是无效。如果我们能够发现关键点，那么那些看似复杂的问题就会迎刃而解。

如何才能了解对方，抓住对方的关键呢？一个好办法就是——问。在谈生意时，我们要通过投石问路、开放式提问、封闭式提问等多种方法，去了解我们要面对的客户。

问什么呢？客户的出生地、求学经历、工作经历、创业历程、个性、家庭、喜好、习惯、独特缘由、公司服务的对象、主要产品或技术等。若是在谈判中向对手提问，可以找出对方要些什么，然后设计一项让对方认为可以接受的协议或条件，从而在谈判桌上掌握主动权。尤其是当客户提出一些特殊要求时，我们一定要多问几个"为什么"，这能让我们发掘出对方潜在的需求或背后的利益。

当客户对产品有异议，说我们的产品太贵、质量不好或者效果不佳时，我们该怎么办？严词驳斥客户，定然会伤害感情。这时候，就要讲究说话的艺术了。

又热又潮的南方某地，一位年轻女士在街头跟小贩买蟑螂药。小贩张口就是5块钱一小包，包装上显示只有3克。女士嫌贵。小贩说："贵是贵了点。可就这一小包可把您家的蟑螂消灭得干干净净。"接着，小贩举例："我家库房里放吃的，过去蟑螂成群结队地出没，自从用了这药，全杀死了，现在连小蟑螂也不见踪影。"女士听完，抱着试试看的念头，微信付款买了。

一位生意人和客户谈了好久，生意马上要拍板时，客户却抱怨商品太贵了，不愿下订单。这位生意人没有反驳客户不识货，他懂得客户害怕"买贵或者买了质量太差的产品"的心情。于是他说："我们公司的产品的确很贵，但是'一分钱一分货'，只有最好的产品才能卖到最好的价钱，我们公司销售的产品都是最好的"。客户想了想，最终同意了。

点"语"成金，一句话促成了一笔生意，这就是善于表达的重要性。

商务谈判是生意中的重要一环。到底能不能获取属于自己的利益，或者能不能得到我们应有的最大利益，就要看我们怎么把它说出来，怎么说服对方接受我们的意见。

在一次商务谈判中，乔治先生对对方的条件完全不能接受，但对方布朗先生又是一位长期的合作者，该怎样表达自己的异议而不伤害感情，并使得谈判继续下去呢？

乔治先生说："布朗先生，我十分佩服您的坦率，正是您这种坦率使我们成为长期合作的朋友。也正是这种坦率，鼓励我必须以加倍的坦率讲出自己的想法。我恐怕不能答应您的要求。如果有新的可能，我仍然愿意与您继续商谈。"这种经过艺术加工的"不"既不会伤害双方的和气，又使乔治清楚明确地表达了自己的想法。布朗先生听罢，想了一会儿，表示愿意做出让步。

要让谈判能够顺利成功，我们最好掌握一定的谈判技巧和说话技巧，在双方审时度势、小心试探的过程中，该争则争，该让则让，取得谈判的成功。尤其是谈判陷入僵局时，我们可以通过喊"暂停"，鼓励对方珍惜谈判成果，继续谈下去；或者转移话题，缓解紧张的气氛，打破僵局。

每一个生意人都梦想拥有好口才，因为这相当于给自己的事业加上了一个优质砝码。不过，好口才是需要学习和练习的。本书全面讲解了开发客户、拜访客户、介绍产品、处理拒绝、打破谈判僵局、电话销售等商业环节的口才要领和技巧以及注意事项，可以帮助你修炼说话术，获得客户的好感，快速使生意成交。只要不断学习、锻炼、积累，相信你一定能拥有"金口才"。

目录
Contents

第一章 别直奔主题，先套交情再谈"正事儿"

开场的客套话，不能省	002
从客户感兴趣的话题入手	005
用共同兴趣打动对方	008
和客户套近乎要讲原则	011
恭维的话要到位	014
适度抬高身价，人人都愿意与比自己牛的人交往	017

第二章　良好的谈吐，使人愿意和你做生意

自信的人，别人才能信任你	022
赢得他人信任的快捷方式——夸赞你的对手	025
幽默的人处处受欢迎	028
避免过于热情，让客户难以接受	032
少说"我"，多说"我们"	035
永远不要强迫对方	037
心平气和，谈生意要有好心态	040

第三章　了解对方越多，对自己越有利

问得越多，获得成功的概率就越大	044
投石问路术，第一时间掌控对方虚实	047
开放式提问，让客户参与到谈话中来	050
封闭式提问，摸清底牌	053
通过倾听客户的谈话来了解需求	056
掌握倾听的技巧	059

第四章 对症下药，非常之人当用非常手段

开价一定要高于你想要的实价 **064**

将丑话说在前边，看对方怎么反应 **067**

要尽量保持身后还有决策者的谈判优势 **070**

故布疑阵，迷惑对手 **073**

用强硬去软化对手 **076**

运用竞争的态势，向对手施压 **079**

"沉默"也是一种策略 **082**

第五章 妥协的艺术：该争则争，该让则让

不要急着用让步来促成生意 **086**

欲擒故纵，让对手让步 **089**

"你再加点，生意就成交" **093**

随时准备说"不"，以掌握主动权 **095**

避免对抗性谈判 **098**

守住底线，绝不动摇 **100**

第六章　谈生意的禁忌之言，打死也不说

在刚认识的客户面前，不可说夸大不实的话	104
不说批评性话语	107
不要用反问的语调和客户谈业务	110
避谈使生意进入僵局的话题	113
不要轻易承诺，一经承诺就要守诺	116
回避不雅之言	119
专业术语，让客户如坠云雾中	122
枯燥的话题，束之高阁比和盘托出更高明	126
对商业机密要守口如瓶	129

第七章　有效打破僵局的 7 个绝招

不妙的时候喊"暂停"，适时中止谈判	132
避免谈判陷入无意义的争执	135
鼓励对方不要轻易放弃	138
转移话题，缓解气氛	140
场外沟通，打破僵局	143
不要只考虑自身利益，而要寻找双赢的解决方案	146
设定最后期限，尽快结束持久战	149

第八章　读懂肢体语言，在谈判中占据主动

辨识对方是否有诚意	**154**
读懂客户的几种笑语	**157**
客户的手部动作给你的暗示	**160**
客户眼神里的秘密	**164**
客户频繁点头究竟是什么意思	**167**
脚部动作泄露的小秘密	**170**

第九章　劝君更进一杯酒，教你在酒桌上谈生意

给生意宴请找个恰当的理由	**174**
与客户进餐的时候，不要再谈公事	**177**
学好斟酒，开局大吉	**180**
碰杯、敬酒，要有说辞	**182**
敬酒分主次，谁也不得罪	**185**
以茶代酒时，如何打好圆场	**188**
掌握"没话找话"的本领	**191**

第十章　用好电话和微信，使交易更便捷

掌握合适的打电话时机　　　　　　　　　　　　196

对方的秘书接电话时　　　　　　　　　　　　　199

预约电话不谈生意　　　　　　　　　　　　　　203

在电话拨通后30秒内抓住对方的注意力　　　　206

用声音迷住你的客户　　　　　　　　　　　　　209

接听电话需要注意的地方　　　　　　　　　　　212

微信上谈生意：措词要温暖，语音要慎发　　　　215

第十一章　注重地域文化，如何与不同风格的商人谈判

与北京商人侃政治能赢得好感　　　　　　　　　220

不要和精明的上海商人讲人情　　　　　　　　　223

实实在在地与勤俭的晋商谈生意　　　　　　　　226

要给浙商留下稳妥可靠的印象　　　　　　　　　229

适当赞美和肯定敢拼敢赢的福建商人　　　　　　232

一定要给湖北商人留面子　　　　　　　　　　　235

多谈钱、快做事能获得广东商人的认可　　　　　238

与香港商人做生意要守信用　　　　　　　　　　240

第一章 —— Chapter 1

别直奔主题,
先套交情再谈"正事儿"

开场的客套话，不能省

与人谈生意，如果你为了节省时间，或者不知道怎么寒暄，上来就直奔主题，谈论价格、质量、数量、包装、运输等话题，十有八九会碰壁。生意本身也许只是利益问题，或许你还会认为，生意人是追逐利益的，只要有利可图，怎么开场不过是个形式，这没什么重要。

事实上，开场适度的客套不仅有助于创造轻松的会谈氛围，还可以消除彼此的隔阂，尽快熟络起来。比如，销售人员面对的常常都是陌生的客户，如果刚一见面就推销产品，自然会遭到对方本能的拒绝。无怪乎，日本著名销售专家二见道夫对此评论道："一开口就谈生意的人，是二流业务员。"

所以，谈生意，寒暄的开场白是不能省的。即便是简短的几句话，都可能帮助我们有效地吸引客户的注意力，赢得客户的喜欢，最终做成生意。

推销员安迪如约来到客户办公室。

"周总，您好！看您这么忙还抽出宝贵的时间见我，真是非常感谢啊！"安迪与周总握手。

"周总，办公室装修得虽然简洁却很有品位，可以想象得出您应该是个做事很干练的人！"

"这是我的名片，请您多多指教！"

周总接过名片。

"周总以前接触过我们公司吗？"安迪停顿片刻，看周总的反应。

"我们公司是国内最大的为客户提供个性化办公方案服务的公司……考虑到您作为企业的负责人，肯定很关注如何最合理配置您的办公设备，节省成本。所以，今天来与您简单交流一下，看有没有我们公司能协助的。不知贵公司目前正在使用哪个品牌的办公设备？"

周总面带微笑非常详细地和安迪谈起来。

生意之所以要谈，肯定是因为不能一拍即合，在最初达成一致，而期望通过交谈来寻找一种方式来实现双赢。那么，在交谈时，双方必然都想为自己争取更多的利益，或者坚持自己的观点不愿意让步，这势必会让双方都神经紧绷，心存戒备，甚至会产生敌对的态度。这时候，恰到好处的寒暄，往往能够创造出良好的谈判氛围，引起对方的兴趣，为接下来进入正题的交谈做好准备。

因此，聪明的生意人在开场时，会不间断地讨论一些非业务性的话题，并在言谈里，体现关注他人、关心他人利益的一面，传达友好的一面。

过去伦敦有雾都的称号。一次，一位见多识广的老人在北京和远道而来英国客人谈生意，对方是一位尊贵的公爵。老人说话很幽默。

双方一见面，老人就开心地迎上去："尊敬的公爵先生，见到你很高兴，请接受一位中国老人对你的欢迎与敬意。"然后又接着说："这几天北京的天气很好，这也是对贵宾的欢迎。当然，北京的天气比较干燥，要是能'借'一点伦敦的雾，就更好了。我小时候就听说伦敦有雾……"公爵说："伦敦的雾是工业革命的产物，现在没有了。"老人风趣地说："那么，'借'你们的雾就更困难了。"公爵回答道："可以借点雨给你们，雨比雾好。你们可以借点阳光给我们。"

虽然这些话看起来好像是闲谈，与谈判的问题并不相关，却能够创造轻松舒适的氛围。事实上，高明的寒暄总是能既热情，又不卑不亢，给对方留下鲜明、深刻的第一印象。

注意，寒暄的内容可以很多，但一定不能令人不舒服。许多业务新人，寒暄时，常说些带批评的话，伤了别人还不自知。虽然这些话本意不是批评指责，只是想有一个开场白，但在客户听来，感觉就会不太舒服。

什么话题可以营造出令人轻松愉快的气氛？你可以谈双方的家乡、风土人情、阅历、趣闻逸事、爱好专长等。如果双方有共同认识的朋友，你也可以通过共同回忆找到共鸣点。

身为淘宝网店的店主，白悠非常善于用套近乎的开场白获得客户的好感。当一个客户给她发来信息时，她都会从对方的资料里、头像上，多多少少地发现一点信息。比方说，客人的资料显示其所在地是上海，她就会和对方说说东方明珠、黄浦江等。如果对方的头像是动漫人物，她就夸对方有童心。

一次，白悠遇到一位湖北客户，猜出对方是武汉人。她就直接说："你们那儿的汉正街挺有名啊！"其实白悠没去过汉正街，还是在多年前从电影里知道的，没想到她这几句话就和客户拉近了距离，很顺利地完成了一单生意。

开场白，是面对面谈生意进入正题前两分钟要说的话，如果是电话销售时，是前30秒要谈的话题。所以，闲谈话题不必过于冗长，可以偏离主题；而且，客套话不可一说再说，否则会起到反效果，让人觉得虚伪。最好轻松友善地说几句真诚又切中要点的赞誉话，比如，"苏经理，我听华欣服装厂的张总说，跟您做生意最痛快不过了。他夸赞您是一位热心爽快的人。"或"恭喜您啊，李总，我刚在报纸上看到您的消息。祝贺您当选十大杰出企业家。"

谈生意直奔主题，反而会遭到客户拒绝。说些寒暄的话、礼貌的客套话，反而能营造轻松愉悦的谈话气氛，吸引对方的注意，有利于生意的顺利进行。所以，开场的客套话，不能省。

从客户感兴趣的话题入手

不少生意人和客户见面不到一分钟就被下了逐客令,很大程度上是因为他们的话根本不能引起客户的半点兴趣,客户自然不愿投入过多的热情。

要想引起客户的注意,那我们就要"投其所好",因为打动人心的最佳方法就是从对方感兴趣的话题入手,与对方产生共鸣。所以,找准客户感兴趣的话题,才能够打开客户的心门。

推销员何磊到一家帐篷制造厂谈生意。尽管何磊做了多次产品展示,客户陆老板仍然没有购买的意思。

此时,何磊有些失望了,但忽然想起一事,便插话说:"我前天看报纸,看到有很多喜欢露营的年轻人,用的就是贵公司生产的帐篷,不知道是不是真的?"

谁知,此话一出,陆老板立马兴奋起来,从抽屉里拿出报纸,指着报道侃侃而谈:"没错,没错,咱们市销售的帐篷有51%都是我们生产的,大多数年轻人野外游玩时都用我们的产品。我们的帐篷质量好,结实耐用,用的都是进口材料,而且价格也不贵……"

何磊认真听陆老板饶有兴致地讲了半个小时后,又巧妙地将话题引到了公司的产品上。心情极佳的陆老板询问了一些细节问题后,爽快地在合约上签了字。

话不投机半句多。然而一旦遇到自己感兴趣的话题，每个人都会情绪激昂地参与进来。因此，生意人不能自己喜欢什么就说什么，必须事先考虑客户是否愿意听，是否喜欢听。聪明的生意人在与对方谈话时，会抓住对方感兴趣的话题，从而实现进一步的交流。

那如何知道对方感兴趣的是什么呢？

毫无疑问，对方最感兴趣的首先是他自己。大部分人在与他人交流的时候，总是会说"我今天……""上次我……""我喜欢……"。这是因为在每个人的心里，自己是最重要的，也是自己谈话的一个中心。而且，所有人都喜欢被人称赞，也喜欢称赞自己。因此，如果我们总是跟客户说"我"，而压抑客户"谈论自我"的欲望，就容易给彼此的交流造成障碍。聪明的生意人要做的就是谈论对方最感兴趣的他自己，我们要多说"你""您""您公司"，让对方多说"我"。

一位客户非常讨厌保险业务员，许多业务员在他那里碰壁，但周玉星却获得了订单。原来她在见客户时，看到了客户公司生产的样品，便机智地询问："这是您公司生产的产品吗？"因为外行人关注了自己的产品，客户语气不禁柔和了许多，变得友善了些。周玉星抓住时机，问："您做这一行有好多年了吧？那您是怎么开始自己的事业的呢？"客户颇有感触，回忆起了自己充满艰辛又颇为自豪的创业史。就这样，周玉星通过与客户一起怀旧，触动了对方的心弦，获得了对方的好感。

引导别人谈自己并不是那么难，关键是需要用心。如果有条件的话，我们应该提前调查和了解客户的特殊喜好、兴趣，这样在沟通的过程中才能找到共同话题。

纽约一家高级面包公司的杜维诺先生一直试着把面包卖给纽约的某家饭店。4年来，即使他常打电话给饭店经理，去参加该经理的社交聚会，甚或在该饭店订房间住宿,这些方法都没有使他达成生意。

后来,他开始改变策略,决心找出饭店经理最热衷的是什么。最后他发现,该经理是"美国旅馆招待者"和"国际招待者"组织的主席,而且,不管会议在哪里举行,他都会出席。

于是杜维诺先生再次见到饭店经理时,就开始谈论他的那个组织。饭店经理果然很激动,眼中闪烁着炽热的火焰。虽然杜维诺先生一点也没有提到面包的事,但是几天之后,饭店的厨师长却打电话要他把面包样品和价格单送过去。

就算对对方毫不熟悉,聪明的生意人只要耐心聆听、细心观察,也可以从寥寥几句谈话或者从对方的衣着、表情等方面发现对方的心情、兴趣爱好或者家庭等信息,并从中选择对方感兴趣的话题聊天。比如,对方说话时的情绪状态,是高兴,是愤怒,还是焦虑,有时比话语本身更重要。体会对方谈话时的心情是与他人谈话和沟通的一项重要内容,若能表示恰如其分的关心,"您看起来很高兴,一定是遇到了什么好事吧?""您似乎很累,是否需要先休息一下呢?"也许就会缩短与对方之间的心理距离。

每个人都有不同的兴趣爱好。在做生意、谈合作时,聪明的生意人要懂得投其所好,多谈谈对方感兴趣的话题,这样你就能获得对方的好感,从而做成生意。

用共同兴趣打动对方

与人谈生意时，若我们口若悬河，那对方从心理上必然有所排斥，不会轻易同意合作或签单。如果我们能换个方法引起客户情感上的共鸣，那生意就会好谈得多了。

如何引起共鸣？答案是，抓住"共同意识"。

每个人都可能有这样的体验，人生地不熟时，遇到一位老乡会感觉特别亲切；工作时，偶然遇到一位校友，就特别想亲近。人们对与自己有共同点的人总是另眼相待，这就是"共同意识"在起作用。一位生意人准备拜访一个生意做得很大的客户，他了解到客户和自己一样是一个足球迷，就专门印了一盒有"球迷"字样的名片。客户一看名片，就问："你也喜欢足球呀？"天下球迷是一家，两个人有了共同的语言，聊球赛、聊喜欢的球员，聊着聊着就变成了"一个战壕里的球友"，生意自然就谈成了。

在初次谈生意的时候，如果我们能找到彼此的共同点，如双方都熟悉的人或物谈论，那么对方的警戒心就很容易打消，我们和客户彼此的情感就会变得融洽，事情自然就好办了。

电器销售员来到一所整洁的农舍前敲门。农妇将门开了一条小缝，一看是销售员，就猛地将门关上了。

尴尬的销售员不想放弃，就又敲门，和气地说："太太，我来拜访您不是为了推销东西，只是想向您买一些鸡蛋。"

农妇将信将疑，门开得大了一点。销售员趁势说："您家的鸡长得真好，羽毛真漂亮。这些鸡是多明尼克种鸡吗？您还有贮存的鸡蛋吗？"这时，门开得更大了。销售员又说："我家也养了一些鸡，但只会生白蛋，也没您养得这样好。太太，您也知道，做蛋糕用红色的鸡蛋比白色的鸡蛋要好一些。我太太今天要做蛋糕，所以我到您这儿来买些回去。"农妇一听这话，心里非常高兴，她转身到屋里去取鸡蛋。

销售人员迅速观察了环境，看到墙角有一整套务农设备，他就对农妇说："我敢肯定，您养鸡赚的钱一定比您先生养奶牛赚的钱多。"听了这句话，这位农妇顿时眉开眼笑，因为她自己也这么觉得。

接下来，农妇就把销售员当知己，带他去参观鸡舍。两人互相交流着养鸡的常识和经验，就像老朋友一样。当农妇讲到孵化小鸡的麻烦时，销售员不失时机地向她成功销售了一台孵化器。

如何找到自己与对方的共同点呢？很简单，如果是通过熟人介绍认识的，那熟人会把对方的身份、性格和爱好等介绍给我们，只要细心倾听，就会从中发现一些共同之处。退一步说，就算不介绍，在第一次见面时，谈论双方共同熟悉的这个介绍人是一种效果最好的套话。比如，"李畅介绍我来见您，他让我代他向您问好。"双方很快就有了共同的话题，不至于因陌生而无话可说。

若与素未谋面的客户见面，那么不妨在见面之前了解一下对方的背景、经历等，并从中找到共同点，然后有的放矢地开场。比如，是否是老乡、校友、朋友的朋友？是否同年龄、同出身、同职业？是否与你有共同的兴趣与爱好？是不是间接的客户关系？当然，也可以先和对方闲聊，比如聊聊天气、聊聊新闻，从一些简单的谈话慢慢过渡到双方共同关注的话题上去。

业务员周涵去一家公司销售电子产品。对方经理不太欢迎他，说话爱答不理的，还不冷不热。周涵听了几句，忽然激动地说："岳经理，听口音您是山东人吧？"这时，经理才抬起头来，说："我是山东青岛人。"周涵说："我在青岛读了4年书，一听您的口音，就觉得特别亲切。"

于是，岳经理和周涵从青岛的气候聊到城市建筑，从青岛的人文聊到时尚发展，两人越聊越投缘。中午下班前，岳经理主动问周涵是做什么业务的。周涵立刻抓住机会，介绍自己公司的产品，这单生意很容易就做成了。

就算是事先什么信息都不知道，我们也可以通过观察一个人的服饰、谈吐、举止、工作环境等去了解一个人的心理状态或爱好兴趣。比如，一般人或多或少都带点家乡口音。通过口音，判断对方是哪里人，寻找关于对方家乡的话题，顺便了解一下当地的风土人情，这也是谈生意的沟通技巧。再比如，如果某位男士无论坐、立、行都是标准的军人做派，说话声音洪亮，你可以询问对方是否参过军，就算猜错了，也算借机夸赞一下他的军人气质。若猜对了，我们就可以凭借自己上学军训的体验，和对方聊聊军营生活。

做生意，不仅仅是销售一种商品或服务，更是联络感情、交流感想的活动。客户就是我们在这个舞台上的朋友、伙伴、合作者。只有用共同的经历和经验、共同的专业兴趣、共同的希望和展望等引起对方的感情共鸣，我们才能获得对方的认可，达到双赢的结果。

和客户套近乎要讲原则

套近乎,听起来似乎是个贬义词,但是在生活中、生意场上非常管用,可以拉近双方的距离。所以说,聪明的生意人在和不太熟悉的顾客见面会谈时,可以通过套近乎,找自己和对方的共同点,为交谈创造一个良好的氛围。

美国汽车销售大王乔·吉拉德成功的秘诀之一就是套近乎。乔·吉拉德通过卖车,认识了一位在肉制品公司工作的人。当下次有在同样行业工作的客户时,乔·吉拉德就会说自己有一个朋友在肉制品公司工作,于是他们又会找到共同的话题,因而拉近了关系。

一次,一位建筑商来到了他的展位。乔·吉拉德打完招呼,并没有急着介绍汽车,而是和建筑商谈起了建筑工作。他一连问了好几个关于建筑施工的问题,每个问题都围绕着这位建筑商,比如"您曾负责哪几栋大楼的施工?""您是否参与过建造附近那片小区?""您现在进行哪项施工?"。

这样谈下来,这位建筑商就和乔·吉拉德成了好朋友。建筑商不仅把给自己挑选汽车的任务交给了他,还介绍自己的好友给乔·吉拉德认识,使乔·吉拉德获得了更多的销售机会。

从双方的经历、志趣、追求、爱好等方面都可以找出共同点、诱发共同点,如果实在没有,不妨考虑一下地缘关系。他是不是我们的老乡,或者是否去过对方的家乡？如果还没有，那么就不妨把地缘扩大，是否是南方人或北方人，是不是都去过某个国家等。只要善于发掘，总能找到适合套近乎的要点。

套近乎，也是一门学问。虽然套近乎能获得他人的好感，对生意场上的人际关系发展有不错的效果，但是，如果不讲原则，胡乱套近乎，就很有可能适得其反。

要想"套"得令双方都开心，首先我们套近乎的动机不可太过功利，或者说不可让目的性过于明显。顾客在和我们这些生意人接触之前往往是抱着很强的戒备心理的，唯恐上当。如果一见面，我们就和他长篇大论，三句话不离本行，还用一些专业术语把对方弄得云山雾罩，最后反复问一句话："您能不能成为我的顾客？"这样的套近乎无疑是失败的，令顾客反感的同时，还会警觉地捂紧自己的钱袋子。

要套近乎不能急功近利。有顾客来了，你就可以问问他，你是做什么生意的，在哪里做，是代理还是厂家啊？在询问过程中你可以借机介绍自己的产品，这就是一个小推广，不会让人不舒服。

保持适当的距离，对套近乎也很重要。主动热情，能体现出我们足够的诚意。但是，当面对陌生客户，未能了解客户的性格和心情等情况之前，还是不要过于热情的好。比如，有些客户性格比较冷，讨厌亲昵热情，套近乎只会更尴尬。一位供应商曾说："不少客户不大喜欢和供应商交流，那我们就不要硬聊，可能客户平时很忙，我们非要跟他聊，他会以为你要推销产品给他，这样会起反效果。"

套近乎，不是讨好别人，要注意自己的礼仪风度，不要给人一种巴结的感觉。尤其是多个顾客在场的情况下，生意人要对在场的人一视同仁，有礼有节，让人觉得你是一个很有素养的人。

某家电视展销店里，有三个人在选电视机，一个是精英白领，一个是戴眼镜的老人，一个是穿制服的工人。促销小姐客客气气地跟白领打招呼、套近乎，极力向他推荐高端的电视产品，把另外两个人晾在了一边，对他们的提问爱答不理。

一会儿，三个人一起走了。出门时，白领对老人说："老师，电视型号选好了，我们到别的店里去买。一看店员那瞧不起人的样子，我就反感！"旁边那个工人接过话，苦笑着说："还是当老板好啊，你看人家对你多尊重，对我们爱答不理的。唉，我以后再也不来了！"

促销小姐这才明白，真正的顾客是那位戴眼镜的老人。她失去的不仅是一单生意，还有三个顾客以及他们身后更大的商机。

古往今来，套近乎都是社会交往的重要手段之一。一个生意人，要经营人脉，就更离不开套近乎了。聪明的商人学会了套近乎，掌握了套近乎的原则，把话说到对方的心坎上，让对方舒服了，那你的商机一定比不会套近乎的人多得多。

恭维的话要到位

人人都喜欢听赞美恭维的话。从心理学上分析，这是因为每个人都有渴求别人赞扬的心理期望，一个人的价值被肯定时，往往喜不自胜。既能让别人开心，自己也不因此受损，何乐而不为呢？

一对夫妇结婚10年仍没有孩子，为弥补缺憾，夫人养了几只小狗并百般宠爱。这天，丈夫一下班，妻子便兴高采烈地对他说："你不是说要买车吗？我已经约好了，星期天某公司的人就来洽谈。"丈夫是说过要换车，但是一直拿不定主意换哪款车。他觉得妻子太自作主张了，便问其原因。

原来，白天家里来了一位推销员，他看过夫人养的狗，说自己也是爱狗人士，还赞赏夫人的狗毛色纯洁、有光泽、黑眼圈、黑鼻尖，是最名贵的一种。推销员说得这位夫人飘飘然，获得了星期天来洽谈的许诺。

星期天，推销员到访。对这位先生也是大加赞赏，先生仿佛被一只无形的手牵引着，很痛快地买下了那人推销的一辆车。

当与客户寒暄后，我们身旁的一切都可以成为恭维的话题。例如，你可以对接待室的装潢设计赞叹一番，"庄重典雅""堂皇气派"等；你还可以具体地谈论一下桌上的插花或盆景造型是如何新颖独特，颜色又是如何搭配得当。当然，想象力丰富和具有创造力的生意人不会局限于这些最寻常的言谈，我们还可以赞誉一下接待我们的工作人员是如何的周到热情。

事实上，如果恭维的话说得好，寥寥数语不仅可以让我们收获对方的好感，还能让对方按照我们的赞美之词行事。

一位生性高傲的总经理，非常看重自己的形象，自我感觉良好，他的生硬冷漠面孔常使人敬而远之。有位业务员听说了他的脾气，一见面就微笑着说："总经理，您好！我一进门就有人告诉我，您是个爽快人，办事认真，事业有成，富有同情心，特别是对我们这些人格外关照。我一听，高兴极了。"总经理的脸上立刻露出了笑容，而且在整个过程中没有为难这位业务员。这位业务员的成功便得益于开头的那几句恭维话，因为总经理在维护自我形象的心理支配下变得和蔼可亲起来。

不过，千万不要以为"逢人减岁，遇货加价"，说对方好就行。恭维也是要讲技巧的，要说得到位，说得有分寸，否则很容易弄巧成拙，得罪客户。

某客户结婚，新娘是位跛脚且脸上有不少麻子的女孩，说漂亮确实谈不上。但新婚宴会上，有位营销员却借着酒劲儿当众恭维道："新娘子长得好漂亮，真是十全十美，就算打着灯笼也找不到啊！"

营销员以为得体的话，其实得罪了新娘和新郎。一位原本已经为容貌而苦恼的女性，听到别人赞美她美丽，又怎么会感到高兴呢？而且，这话在新郎听起来，就像反话一样，新郎也感觉没面子。试想，营销员后面的生意还能谈下去吗？

恭维时一定要实事求是。恭维的内容不是无中生有，而是确有其事，这样对方才会感到高兴。一个打工的突然成了老板，我们可以说他能干。可是如果一个老板突然创业失败，再说他有地位，那我们的马屁可就拍到蹄子上了。

恭维要找到准确的闪光点。一般来说，恭维男人，可以从功名、能力、个性、潇洒形象等方面入手，而赞美女性则可从容貌、衣着或身边伴侣等方面入手。如果实在找不到可以恭维的地方，那么以小见大，抓住细节或小事，称赞对方的品格或为人处世。实在不行的话，我们还可以用数学上的模糊学称赞"您这人真好！"好到哪儿了，对方自然心领神会。

此外，恭维不一定都用语言。不必说话也可以表示恭维，眼光注视对方，流露出正在倾听对方讲话的表情，会让对方意识到自己的重要，这是"无声胜有声"式的恭维。注意，滥做过重的高帽是不明智的。恭维话过多，对方会觉得不自在，也会认为你惯于花言巧语，此时，我们宁肯不去恭维，也要避免给客户落下"嘴儿甜"的坏印象。

有的场合恭维别人也是一种美德。在实事求是的基础上，恰当赞美他人，那对方埋藏于内心的自尊心被满足，他一定非常高兴。我们也能为此收获他人的好感，因此，谈生意时应适当说些恭维的话。

适度抬高身价，人人都愿意与比自己牛的人交往

人人都愿意与身份较高、能力较强的人交往，而不愿意结识那些地位低下、庸庸碌碌的人。因此，当我们想要得到别人的重视和赏识时，千万不能贬低自己，而要抬高自己的身价，展示自己的能力，表现自己的优秀之处，必要的时候我们还要学王婆"吹嘘"一下。

律师约翰·福特刚注册了自己的事务所。事务所只有一间等候室、一间工作室和他一个人，而且他还很年轻，看起来不能给人以足够的信任感。约翰想："如果一个才开张的事务所就异常忙碌，这一点肯定会很容易就获得人们的信任。"于是，他打电话给自己的一个朋友说明了情况，让他每隔十分钟就给自己来个电话。

开张第一天，约翰终于等来了第一个委托人，一位中年男子。约翰示意对方坐下来，刚刚开口问对方有什么需要帮助的时候，电话铃响了。约翰对他说了声对不起，拿起听筒说："是的，我是福特律师。主席奈特先生还不在？那么是否可以今天晚上6点钟同他谈谈机械工人乔治提出权益要求的那件事……好吧，再见。"

中年男子说："您好，我有关于合伙人的事宜想向您咨询。"然后对方详细说明了情况，并提供了一些相关的证明材料，比如合伙人协议等。

刚谈不久，电话又响了，约翰说："是的，我是福特律师，那件官司下周开庭？好的，我知道了……"

约翰放下电话对中年男子说:"对不起,这些天比较忙,有好几个案子要开庭。"中年男子说:"哦,生意好是好事嘛。"

两人谈得相当顺利。临走时,中年男子叮嘱约翰:"先生,我知道您很忙,但是,我的案子对我真的很重要,所以我希望能赢。"

约翰当然明白他的意思,说:"请放心,我不会怠慢任何一个委托人。"话音未落,电话铃又响了……

毛遂若不勇于自荐,那他很可能继续被埋没。苏秦、张仪若不游说列国,宣扬自己的外交方针和军事策略,那他们也不可能封官拜相。自荐、自赞、自夸,可以帮助你推销自己,提升身价,赢得其他生意人的好感。

有些时候,特意的穿衣风格或模仿口音,也能为我们起到包装和抬高的作用。多伦多的律师阿兰·叶说:"我的客户们大多是中国香港和内地的中产阶级,他们在乎自己交往的人的出身背景。我穿衣的目的是为了向他们显示,看,我和你生活在一个阶层,我能代表你的利益,请相信我!"在英国,带有浓厚伦敦东区口音的人被认为是蓝领出身而会遭到人们的轻视,而带有伦敦西区口音的人则被认为有良好的家庭背景,所以,伦敦弗莱明证券的股票经纪人杰森·丁总是尽一切可能模仿西区伦敦人的穿着和举止。他说:"我的一举一动都努力做到像一个西区的伦敦人……我的客户大部分是中产阶级,他们更相信传统老财主们。"

注意,这里并不是说一个人的身价就取决于穿着,而是告诉我们穿着、口音、待人接物等体现的高贵、优雅、博学、睿智等,才是身价。

学会抬高自己的身价并不难,但为避免弄巧成拙,我们一定要做到适度。不要抬得过高,以至超过你的能力许多。一个小公司,你不能说成大企业;月薪1000元,不能说成5000元,毕竟别人会根据你的年龄和能力判断出你是否是在说谎。一旦你说得太过,就会给人造成故意吹嘘的印象,反而会让人看不起和讨厌。

并不是什么时候都适合去展示自己、抬高自己，只有在适当的时候，这招才有效。如果一个人有事没事就谈论自己的出身、财富等，就会变成吹嘘，反而没有人相信。所以，要看准时机再行动。所谓恰当的时机，就是当别人主动问你的时候，或者当大家议论到你的时候，最好是有展现必要的时候。这个时候，你不用谦虚客气，适度地抬高自己的身价，夸大一下自己的能力吧。比如，夸大你目前所做的事情，夸大自己的成就等。这就会使对方觉得认识你是幸运的，是值得骄傲的。一旦成功了，你的身价就会攀升，就好像贴了新的标签一样。

适度抬高自己的身价能创造巨大的价值。小商人会为几万元的贷款犯愁，而大企业家可以运作上亿元的资本，在这里，银行认同的不是某句话的分量，而是某个人的身价。当我们实力不足时，若能"显现"出理想的"身价"，那就能赢得对方的信任，获得丰厚的收益。

第二章 —— Chapter 2

良好的谈吐，
使人愿意和你做生意

自信的人，别人才能信任你

不少生意人初次与客户交谈时，总是吞吞吐吐，时不时地否定自己。他们在客户面前面红耳赤，根本没有办法和客户顺利交流。事后，他们还可能以口才不好、脑子慢等借口为自己开脱。其实，这都是缺乏自信的表现。如果你自己都没有信心，怎么能让对方相信你推销的产品或服务呢？

何况，客户在做出购买或合作的决定之前，总是因很多顾虑而犹豫。这些顾虑可能是对公司、对产品、对我们本人的，而且是不可避免的。此时，要是我们不自信，那客户自然会下意识地放弃。所以说，不自信会让生意泡汤。

莎士比亚曾说："自信是走向成功之路的第一步，缺乏自信是失败的主要原因。"生意人的自信有多么强烈，就能爆发出多么大的力量；经商者的自信有多大，就能克服多大的困难。作为生意人，我们需要记住："如果要客户相信你，首先要相信自己。"一个自信、从容、镇定的生意人能给人一种踏实、可信的安全感。所以，要想打消客户的顾虑，让客户相信我们，那我们首先必须表现出自信和睿智，以此影响客户、树立信心。

福勒生于美国路易斯安那州一个黑人佃农家庭，幼年家贫，成年后几经辗转，他做了肥皂生意。一天，福勒得知经常给自己供货的肥皂公司即将以15万美元拍卖，他觉得这是个千载难逢的机会。他想买下这家公司，可他的积蓄只有2.5万美元。后经多次交涉，他和该公司达成协议——先交2.5万美元定金，剩下的12.5万美元在10天内付清，若违约，定金概不退还。

在这么短的时间里筹集如此巨款，简直是天方夜谭。不过福勒告诉自己必须做到，并坚信自己能做到。在最后期限到来前的几个小时，他想尽办法才筹集了11.5万美元。

福勒拖着沉重的步子，走在黑暗的街上，不知道如何是好。这时他走到一栋商业大楼下，见楼上还亮着灯，就鼓足勇气走了进去。这是一家承包商的事务所，借着灯光，福勒看见一个在写字台边、因深夜工作而显得疲惫不堪的人。

福勒壮着胆子问："先生，你想赚1000美元吗？"那人吓了一跳，冷静下来，回答说："想，做梦都想。""那么，请给我一张1万美元的支票，奉还时我会付您1000美元的利息。"承包商以为自己听错了，但听着福勒自信地讲述自己的购买计划，他觉得眼前这个人是值得相信的。

就这样，福勒凑够了钱。多年以后，除了肥皂公司，他还获得了其他三家公司的控制权。

一个自信的生意人能够表现出一种生龙活虎、朝气蓬勃的精神面貌。即便在大人物面前，自信的人也能够坦诚地陈述自己的观点、意见及建议，自然地表达自己的情感，完整地说出自己的意愿，坦然地接受别人对自己的赞赏、好感和喜爱。就算是遇到挫折，自信的生意人也能够以一种轻松自然的态度来面对，并在重大或关键的问题上表现出果断和勇于承担。

一个商业经纪人最重要的素质就是自信，因为经纪人在业务活动中与各种各样的人打交道，需要说服他人，促成交易，若没有自信心是很难办到的。而且，从容自信、谈吐自如的经纪人很容易得到客户的认可和信任。事实上，无论我们做什么生意，在与客户交流的过程中，若能够表现出这些精神状态和言行举止，那客户一定会被深深感染。

"说事容易做事难"，面对客户时，我们如何才能做到如此自信呢？

首先要相信自己。很多生意人可能觉得自己只是一个小摊贩，或仅有个简陋的店面，再或者只是一个平凡的销售员，这其实就是一种不自信的表现。5年前，一位在批发市场摆摊卖墩布的年轻人遇到了一位公司总裁。总裁觉得他有很好的销售能力，只是缺乏自信。于是他告诉这个年轻人："你是一个销售高手，你能卖好墩布，以后什么都可以卖得好！"年轻人受到鼓舞，找回了自信，不再觉得自己只是一个不上档次的小摊贩了。此后，他一边在大学进修营销管理学的课程，一边在房地产公司做销售员。3年后，他终于有所成就，成为了公司的销售总监。做生意的人都要有阿基米德"给我一个支点，我将撬动地球"的那种无比的自信，只有这样，才能创造出骄人的业绩。

　　其次要对自己的产品有百分百的信心。很多生意人对自己的产品没有信心，比如自己所推销的产品价值1万元人民币，他也许会想价值只有1000元人民币，如此，他怎么会坚定地向顾客按1万元推销产品呢？一个富商在海湾看到一艘待售的船，他觉得这船非常好，很想买下来。这时，业务员跌跌撞撞地跑来，唯唯诺诺地回应着富商的询问，而且言辞里夸赞的话少，说船的不好处却很多，显然是对船能卖出高价没信心。富商很生气，对业务员说："若是你自己对产品没信心，客户怎么会买？我是做推销起家的，我要告诉你，好的业务员不会看不起自己的商品。"对自己的产品有信心，这是非常重要的，是与客户成功交流下去的基础。

　　最后，要了解客户需求，做好应对策略。众所周知，考试前做好充分复习，充足准备，考试时就会有信心。同样地，在拜访客户之前对客户做好详细了解，弄清客户存在哪些需求，产品或服务能帮客户解决哪些问题，那就能有自信，在交流时能有针对性地应对了。

　　简言之，自信是最有效的利器。相信自己，别人才能相信你。所以，聪明的生意人必须先自信起来，无论是在神态上，还是在说话、做事上都必须体现出自己的胸有成竹，用自己的自信去感染、征服客户。

赢得他人信任的快捷方式——夸赞你的对手

与客户谈生意的时候，对方问："听说某某牌子的产品也很好呢。"

你怎么回答？

如果你敷衍、躲闪，或者回避，不仅不会把对方的注意力引开，还会给客户一种"我们害怕对手或对手比我们优秀"的感觉。

如果你选择说对手的坏话，故意捏造坏处，如"那家公司的内部管理混乱，无心研发，购买他们的产品要当心""听说最近有很多大客户都从他们那里退货了，我们这里就有几家大客户是从他们那里转过来的"等。这些话即便是真的，也不会成为对方与你合作的理由，只会让对方怀疑你的职业操守和道德品质。

没有信任，自然无法赢得生意。

本杰明·富兰克林曾说过："不要说别人不好，而要说别人的好话。大多数情况下，不失时机地夸赞竞争对手可以取得意想不到的效果。"生意场上，我们每时每刻都需要得到客户的信任，赢得他人信任的快捷方式之一正是夸赞我们的对手，永远不诋毁别人。

美国著名保险营销顾问、励志作家法兰克·贝特格多年来一直用夸奖对手这种有效的方式来谈生意。

当年，法兰克·贝特格拜访新泽西州某肥料公司的财务主管康纳德·琼斯先生，发现琼斯先生对各大保险公司知之甚少。

于是，法兰克问琼斯先生在哪里投了保。在得知是纽约人寿保险公司和大都会保险公司后，他称赞道："您所选择的都是些最好的保险公司。"

琼斯先生很得意，问："你也这么觉得吗？"法兰克点点头，然后向琼斯先生讲述了那几家保险公司的情况和投保条件，比如大都会保险公司是世界上最大的保险公司，有很多人都在这家公司投保。琼斯先生听得津津有味，很高兴自己做出了正确的投资判断。

法兰克接下来说："琼斯先生，在费城还有菲德利特、缪托尔等几家大的保险公司，它们也是世界上知名的保险公司。"

因为之前法兰克对其他保险公司的了解和夸赞给琼斯先生留下了好印象，所以当他把自家保险公司的投保条件与其他公司比较时，琼斯先生欣然接受了法兰克的条件，因为法兰克给出的投保方案的性价比更高。此后几个月内，琼斯先生和其他四名高级职员从法兰克的公司购买了大笔保险。

法兰克·贝特格说："不夸赞竞争对手也就做不成这笔生意。像打棒球一样，夸赞对方就好像是安全地上了一垒，然后像四垒都有人，幸运的是我回到本垒得分。"

当你的客户向你打听竞争对手的产品、服务或公司运营状况时，不要回避抱怨，不要一味贬低对手，而要坦诚地告诉他最真实的信息。这是对竞争对手优点和不足的实事求是的反馈。

当然，要做到这一点，我们应该主动去了解竞争对手的信息。试想，如果我们不了解竞争对手的信息，客户很有可能会认为我们不够专业或竞争力不足，这可能导致对方放弃合作。而掌握这些信息除了可以应付客户的询问，使客户的需求得到满足，还能为我们自己的生意提供一定的参考和借鉴作用。聪明的生意人还可以通过这些信息，发现各自的优势和劣势。

注意，夸赞对手不是目的，不要一味地滔滔不绝。我们的目的是借此赢得信任，并针对客户的需求和条件为他们提出最为体贴、划算、互惠的建议。当我们真的满足了客户的需求时，相信一定会得到回报。

简言之，无论竞争对手如何，生意人都不妨以德待之，人前人后不说对手坏话。适时地夸赞一下对手，能让我们收获更多信任。

幽默的人处处受欢迎

无论谈生意还是交际，幽默永远都不会落伍。具有幽默感的人总是讨人喜欢，受人欢迎。心理学家凯瑟琳说过："如果你能使一个人对你有好感，就可能使你周围的每个人甚至是全世界的人，都对你有好感。只要你不只是到处与人握手，而是以你的友善、机智和幽默去传播你的信息，那么时空距离便会消失。"幽默是一种亲和力，会让我们的距离拉得更近，会消除摩擦和纠纷，会让我们的事业更进一步。所以，爽朗和幽默的个性和谈吐能造就营销高手。

犹太人一向非常重视笑话和幽默。他们把笑话当成人类生活中最为重要的一种精神食粮。在经商的过程中，他们总是很善于运用幽默这一工具。而一些知名的生意人或推销员，也总是利用幽默的谈吐让严肃紧张的气氛变得轻松活泼，以传达自己的温厚和善意。

原一平先生刚做保险推销员时，手头没有一个客户，只得采用"地毯式轰炸法"，选定一个区域后，挨家挨户地推销。3天后，他已经走访了一遍，但毫无结果，于是他只得进行回访。

当原一平回访到第25家客户的时候，那位客户说："怎么又是推销保险的，你们公司的推销员前些天才来过，我讨厌保险，所以他们都被我拒绝了！"

原一平回答道："是吗？不过我总比前天那位同事英俊潇洒吧！"这句

话把对方给逗乐了。"你真像个小辣椒，说话这么风趣。""矮个没坏人，再说辣椒是越小越辣！只要您给我30分钟时间，您就会知道我与那位仁兄有何不同。"

其实，原一平就是这位客户以前见到的那个推销员，但他并没有说破，而是设法把准客户逗笑，然后自己跟着笑。此时，陌生感就会消失，他获得了和客户进一步沟通的机会。

我们对初次会面的客户和顾客来说，是完全陌生的人，他们必然对我们有所戒备。若我们能在交谈时适当运用幽默，随时面带笑容，谈吐风趣，那么一定会为谈话锦上添花，对于工作来说将会有很大的帮助。事实上，推销这个行业更需要幽默。因为一般顾客对推销员是冷漠相待的，推销员常要忍受常人想象不到的轻蔑甚至侮辱。但如果每一位推销员都有开朗洒脱的心境，又何愁商品没有人购买呢？

而且，幽默感还可以帮我们缓解尴尬，消除纠纷，应对突发状况，获得顾客好感。某房产经纪人带着一对夫妻参观他负责的楼盘，喋喋不休地夸耀一栋房子和居民区。他说："这里阳光明媚，空气洁净，遍地鲜花和绿草，居民从来不知道什么是疾病与死亡。"就在这时，他们看到一户人家在搬家，这位房地产经纪人赶忙说："你们看，这位先生是这儿的医生，就因为很久都没有病人光顾，不得不迁往别处谋生了！"

另一位有10年资历的导游在面对客人的责难时非常懂得善用幽默。一次一位游客责问他："怎么我在潜水时看不到热带鱼呢？"导游并没有向客人解释海洋近期受到特殊因素影响等，只是微笑着说："不好意思，今天大多数鱼儿都去参加一对帅哥美女的婚礼了，只有少数留下来看家。"客人听了，忍俊不禁，直夸导游幽默。

幽默感不是与生俱来的，而主要是在后天的社会实践中培养和训练而成的。那么，如何才能在人际交往中使自己的谈吐变得幽默起来呢？

幽默是一种智慧。要想培养幽默感，就必须广泛涉猎，充实自我，不断从浩如烟海的书籍中吸取幽默的素材，从名人趣事的精华中捡拾幽默的宝石。据说，美国前总统里根以前也并不怎么幽默，在竞选总统时，别人给他提出了意见，于是他采用了最笨的办法培养幽默感——每天背一篇幽默故事。我们也可以多多阅读报纸杂志，留意相关风趣幽默的语句或故事，日积月累下来必是个见闻广博的幽默高手。

犹太商业巨头罗斯柴尔德的三儿子尼桑相貌平平，但他的外交能力是最强的，其中一个重要的原因就是他特别喜欢说笑话。

据说，尼桑刚到伦敦时，英语能力并不强，于是，他决定用说笑话来弥补自己的缺陷。他专门建立了一个通信网，作用是收集和传递欧洲最新的笑话，以便能够利用这些笑话在伦敦扩大人脉。

后来，这个通信网不断扩大，各国的外交官甚至用报告的形式，将各种笑话传递给尼桑。直到今天，在伦敦罗斯柴尔德银行的博物馆仍保存着当年欧洲各地送来的笑话邮件。

要使自己谈吐幽默且跟得上潮流，最好是从生活中获得幽默的素材。只要你善于观察，认真听取别人说话的内容，你会发现幽默无处不在，而且还是"新鲜出炉"的。比如，经常跟各行各业的人交流，你会意外地发现他们独特而有新意的幽默。或者，我们经常和幽默的人在一起，时间长了自己就会受到感染。

一个斤斤计较、对生活悲观的人很难幽默起来，笑也是苦笑，不能让人愉悦。所以，我们还要学会雍容大度，善于体谅他人。当别人为难我们的时候，不妨多一点趣味和轻松，多一点笑容和游戏，多一份乐观与幽默，那么，就没有克服不了的困难，也不会出现整天愁眉苦脸、忧心忡忡的痛苦样子。

需要注意的是，幽默一定要运用得恰如其分。在运用之前，我们最好先分析一下自己的产品和客户，一定要确信这些幽默的话不会冒犯对方。如果我们的客户是一本正经、不苟言笑的人，那我们偏要故作幽默，对方就会觉得自己没有受到尊重，觉得我们轻浮不可靠。就算可以幽默，我们也不能运用幽默责备或冒犯客户。比如当你销售矫正或修复仪器时，千万不要触及客户的痛处；当你推销人寿保险时，千万别开那种与疾病有关的、容易引起对方误会的玩笑。

虽说并不是每个问题都可以简单地在轻松幽默中迎刃而解，但恰当地运用幽默，至少可以消除尴尬，使双方在比较融洽的气氛中解决问题。所以我们在与客户交谈时，要尽量做到活泼、轻松，尽量把话说得机智、有趣，做到幽默而不庸俗。

避免过于热情，让客户难以接受

刘女士最受不了化妆品柜台促销小姐的热情。因为她每次去化妆品店都会有不少导购小姐一拥而上，推荐洗面奶、润肤霜、面膜等，弄得她脱不了身。所以，每次到商场，刘女士看见化妆品柜台就绕道走。

方先生对饭店的"零距离服务"颇为厌恶。到饭店用餐，本来是想一桌人自在愉快地吃个饭，但饭店规定服务员必须在旁边站着，随时准备听从客人的吩咐。可是方先生的吩咐就是服务员先出去，有事再叫。服务员一笑："我们有规定，必须要零距离服务。"

赵小姐每次去电子市场都会感到很不自在，因为有时心里并没有打算好买什么，只是想在逛的过程中看看有没有合适的。但每次售货员都会跟着问要买什么品牌、多大尺寸的、多少钱的电脑等，让她不知该如何回答。几次下来，她都不敢轻易进这些店铺了。

做生意要对顾客热情，让其有宾至如归的感觉固然是好的。但是，热情过了头，反而会引起顾客的反感，让人避之不及。作为生意人，我们应该保持一份适中有度的热情，留有余地，才是最合适的。

某小区周边有3家中型家电卖场，且商品和价格相差不多，但是周围的居民都喜欢去新时代家电卖场购买小型家电。为什么呢？因为这家卖场逛着更舒服。

其他家电卖场一进去，走不了几步就有销售人员追在后面，不是推销手机就是推销厨房用品，顾客想自己买点东西都不方便。而在新时代家电卖场就不一样了，顾客去购物的时候，销售人员一般都微笑着站在一旁。只有当顾客走近货架时，他们才会微笑着说："请您随便看看，有不明白的地方可以问我。"而且绝不会对顾客纠缠不休。这样顾客逛起来心里舒坦多了。

新时代家电卖场的经理，在对员工进行日常礼貌用语、言行举止培训之外，还要求销售人员站在顾客的角度，对顾客"适度热情"。所以，销售员不会滔滔不绝地热情介绍，而是让顾客自由选购，适当讲解。

对于前来购物的顾客，销售人员首先要细心观察。如果顾客一过来就环顾四周，销售人员就要主动走上前为其服务，有礼貌地问："您好，请问需要帮忙吗？""您好，您要买什么吗？""您找到合适的尺寸了吗？"对于走近货架就只看商品的顾客，销售人员不要贸然服务，待对方发问时再上前为其说明商品的特性即可，否则只会让这类顾客生厌。

在与客户谈生意时，要懂得把握好分寸，不要太过热情。一位生意人明白客户通常最讨厌的就是这种热情过度，因此他的秘诀是"鱼是要慢慢收网的"。去和客户应酬时，他总是浅谈一下生活琐事，公司方面的业务根本就不提。虽然有人埋怨他不懂得抓住这个机会好好跟客户套近乎，但他总是说："如果那样，客户早就跑了。"客户往往在接触的第二天就打来电话，说要签合约。

要做到适度热情，我们还要注意是不是离客户太近了。当我们排队买东西时，若周边的陌生人上前问路，我们会本能地向后退一步；如果空间比较窄，我们甚至会无意地将上身向后倾，这是因为别人侵犯了我们的私人空间。同样的道理，如果我们和客户离得太近，客户也会有"被侵犯"的感觉，对我们产生反感。

每个人都很注重交际距离。所以，表达热情时，要和对方保持适度的空间距离。第一次与客户接触时最好保持在1.2米以外，这样沟通起来会比较轻松，不会有压力。1.2米以内是人们为自己的家人、亲戚、朋友预留的，除非客户主动靠近你，否则请保持与客户一定的距离。另外，对初次见面或不熟的人做一些诸如拍肩膀、抚摸头顶等意在显示热情的动作也是很不合适的。

真正的热情是细节，更是智慧，需要生意人不断地去琢磨。如果能在礼貌、尊重的基础上做到让客人"感觉不到关注，但关注无处不在"，那就是适度的热情了。

少说"我",多说"我们"

一项调查发现,人们每天最常用的一个字是"我"。从心理学分析,这是因为人们最关注的往往是自己,喜欢称赞自己。但是,在应酬交往时,"我"字讲得太多并过分强调,会给客户一种突出自我、标榜自我的印象。这会在对方与我们之间筑起一道防线,影响客户对我们的认同。

所以,为了维护对方的尊严,减少沟通的壁垒,赢得他人的好感,聪明的生意人应该少说"我"字。

在交往沟通中,你会发现,那些社交经验丰富的人们,一般很少直接跟客户说"我怎么怎么",都是说"我们怎么怎么样"。虽然有拉关系、套近乎的嫌疑,但这招很有效,可称得上是人际交往的"助推剂"。

为什么多了一个字,由"我"变成"我们",效果就不一样了呢?

从心理学上讲,多说"我们"能巧妙地隐匿自我,以消除听众的虚荣心和敌意,激起所有人的共同意识。当一个人说"我们"的时候,表明说话的人很关注对方,站在双方共有的立场上看问题,把焦点放在对方,而不是时时以自我为中心。同时,"我们"一词传达的是患难同当、荣辱与共的信息,更有亲和力,更能令人信服。

因此,在谈生意、与人合作、参与应酬时,我们应该多对客户说"我们"。

初次拜访客户,发现客户跟自己一样姓"周",就可以说:"我们五百年前是一家啊。"要是对方同我们一样是南方人,都在北方做生意,可以说:"对咱们这些南方人来说,北方的天气有时候真的受不了。"酒桌上,若遇到客户是山东人，我们可以说："我们山东汉子，绝对仗义。"这些话一出口，就会给客户亲切的感觉，并会令对方放松下来，有助于营造良好的氛围。

说"我们"，还意味着你有和客户继续交往的欲望。谈生意是谈感情，对于许多客户来说，他们跟你谈话的目的并不是单纯地想解决问题，更重要的是希望你能够真心地关心他。

谈生意时，如果对方比较犹豫，你想说服对方，就要尽量避免说"我"和"你"，而多多使用"我们""我们大家"等这类有共向意识的字眼。比如，在提到客户利益或计划时，称"我们"能让对方感受到，这是我们大家共同的决定，可以放心。而且，这还暗示对方我们总是和他们站在一起的，是利益一致的。

2001年，世界范围的信息经济泡沫破灭后，没有一家风险投资机构愿意向我国的IT行业投资。但是，百度网却吸引到了当时唯一一笔风投资金。据说，在当时的投资推介会上，很多创业者、老板都把半个小时的推介时间当成了个人施展才华的舞台，讲"我有什么想法""我有什么项目""我希望多少资金"等，看起来意气风发，但效果不佳。而百度老总连一个"我"字也未说，他介绍的全是"我们"，比如"我们的技术团队""我们的管理团体""我们的营销团队"等。他还坚信，"有这样的团队，我们一定能成功"。这番发言触动了风投，赢得了风投机构的信赖。

当然，不能事事说"我们"，有些东西可不是我们这些销售人员能掌握的，过犹不及就不好了！在营造和谐氛围、消除客户顾虑和劝说客户下决心时，用"我们"是利器。

总而言之，在谈话时，我们要清醒地认识到总说"我怎样怎样"，会让客户认为我们是个自私的人，一点也不重视他。一个有修养的人不会把"我"总是挂在嘴上，要想顺利获得客户的好感和信赖，要尽量少说"我"，多说"我们"。

永远不要强迫对方

对于生意人来说，没有什么比谈成生意更有成就感了。因此很多生意人在经商时，只要还有一线希望就不会轻易放弃，这种坚韧的精神值得称赞。但是，若是面对顾客的拒绝，仍然蹲点守候、死缠烂打、喋喋不休，反而会引起客户的极度反感。

"客户讨厌死缠烂打"，这一点在推销活动中，要格外重视。不少顾客在多次被推销员缠得无法脱身之后，会一听是推销人员就避而不见。

谈生意和谈恋爱一样，强扭的瓜不甜，最好是"两情相悦"。所以，当被客户拒绝，此时不要灰心，也不要死缠烂打。我们要争取，但也要选对办法去说服客户。

现在，很多生意人在销售产品时，只想着让客户购买自己的产品，从而获得利益，却从没考虑顾客是否有需要，能不能从中获益。比如，街头促销员拦住一位行人，说："先生，我们现在做促销有优惠，买了我们这种产品，就可免费旅游。"行人表示自己不需要，而促销员仍拉着他，继续劝说："我们的产品好、价格便宜、买了还能免费旅游，机会难得。"行人再次表示不需要这种产品，促销员不放弃："先生，送亲朋好友也很划算……"行人甩手离去。

日本日立公司广告课课长和田可一曾说："在现代社会里，消费者是至高无上的，没有一个企业敢蔑视消费者的意志；蔑视消费者，只考虑自己的利益，一切产品都会卖不出去。"所以，要想让客户说"YES"，就要设身处地地为客户着想。事实上，好的生意人总是懂得为客户着想，赢得客户的心，获得客户的好感。

在具体实施过程中，我们要善于不断分析出客户的动机，能够抱着敏锐的观察力去察觉什么样的拒绝理由值得费心去处理，什么样的问题根本不需要花力气去死缠烂打，什么样的问题是客户最关心的。可能这需要生意人暂时放弃眼前的利益，但是不必担心，因为我们将获得更加长远的利益。

心理学上说的逆反心理，即"你越是要卖，对方越是不买"，就是我们当下面对的困局。如果客户有这种极强的逆反心理，你千万不要与他们对抗，更不要穷追猛打，否则只会把状况搞得更糟。当客户一再表示对你的产品有所怀疑的时候，你可以主动放弃推销，转而把他晾在一边，这个时候客户反而会对你的产品产生兴趣。

林先生的车开了很多年，经常出现故障。于是，他决定换一辆新车。但不知怎么走漏了消息，很多汽车销售公司都派销售人员向他推销汽车。

络绎不绝的销售人员来到了林先生的家里，打乱了林先生的生活。苦恼的他，不愿再见任何销售人员，而且无论那些销售人员把自己的车说得多好，他都无动于衷，甚至后来他竟产生了不再更换汽车的念头。很多汽车销售员无计可施。

这一天，又一名汽车销售人员来到了林先生的家里。林先生心想："哼，又来了一个不知死活的人。"他打定了主意，无论对方说什么，自己就是不理睬。这位销售人员看到林先生的车后，突然说："我看您的这部车还不错，起码还能再用上一年半载的，现在就换未免有点可惜，我看还是过一阵子再说吧！"说完，他递给了林先生一张名片就离开了。

没想到，林先生对销售员的逆反心理一下子就消失了。他真正意识到旧车带给了自己多少麻烦，不换是不行的。于是，他主动打电话给那个销售员，向他订购了一辆汽车。

凡事都有两面性，逆反心理也是如此，它能够给我们的生意带来困难，也同样能够促进生意的达成，关键是我们要懂得如何利用。当被多次拒绝，我们就可不再推销；推销这个诱因消除之后，逆反心理自然也就会消失。然后，重新用"不卖"来激起他们的购买欲望。这时候，也许会带来意想不到的效果。

总之，客户拒绝后，切忌死缠烂打，永远不要强迫客户去购买或者同意合作。爱情两情相悦才长久，生意你情我愿才能互利互惠。

心平气和，谈生意要有好心态

情绪对所有生意谈判者都很重要。人们常说："冲动是魔鬼。"在谈判中，生意人过于情绪化容易失去理性，从而做出错误的决策，且易让对方抓住漏洞。所以，控制情绪的能力，往往成为我们谈判能否获得成功的关键因素。

一般来说，在谈判之前，我们可能都会调整好自己的情绪，把状态调到最佳。但是，在具体的谈判活动中，随着谈判双方的需要和期望满足的情况的变化，谈判双方的心理和情绪都会受到影响，有较大波动。例如，遇到挑衅型的谈判者，他总是吹毛求疵，爱找茬，甚至故意贬低我们的产品或服务。这时候，我们若针锋相对，那么生意很难谈成不说，还伤了和气。当异常情绪出现时，我们要善于调节自己，尽量缓和、平息或者回避，防止造成僵局。

美国总统福特访问日本之前，全美三大电视网中历史最悠久的一家电视公司 CBS 因为电视转播问题与日本的 NHK 发生了不愉快。

当时，日本只有 NHK 拥有卫星转播系统，所以，CBS 若想把福特总统访日的活动直接传送到美国，就必须与 NHK 进行合作。但 CBS 派到日本的谈判小组负责人是位年轻人，他在谈判时，出言不逊地向比他年长许多的 NHK 主管提出种种不合情理的要求，如同索债一般，而日本 NHK 的主管不露声色。结果这次会谈没有取得任何结果。

眼看总统专访日期将近，CBS这下可急坏了。无奈，他们只得由最高主管亲自到东京重新与NHK会谈。这次，他们认真分析了上次失败的原因，向NHK提出道歉，并以诚恳的语气提出了转播的请求。谈判氛围融洽，双方都达成所愿。

在精明的犹太人看来，把情绪带到谈判桌上是非常愚蠢的行为，即使发生意外，对方故意激怒，生意人也要理智地控制情绪，冷静相待。因此，犹太人一坐到谈判桌前，总是摆出一副笑脸。就算是谈判期间双方曾一度争得面红耳赤，犹太商人余怒未消，也会装得很平静，仍然笑容可掬地继续往下谈。

因此，聪明的生意人要用理智来控制自己的情绪。若遇到挑刺型的谈判者，那么首先要保持冷静，避免跟他有口舌之争。然后，重述所有的事实，在重述的过程中避免情绪化的语言，而要明确、坚定地告诉对方："侮辱、威胁、恐吓绝不是战斗。这些我都不接受。我是来跟你谈判的，是为了达到一个好的目标，双方都受益。"若是遇到情绪化的客户，那么不要质问他的动机和诚意，否则会引起他的强烈不满和抵触。若是对方情绪突变，不要打断他，耐心等待，再做出合理的答复。千万不要被他的情绪所影响。另外，如果一时双方的情绪都无法控制，那么暂时休会，冷静一下，再谈判比较好。

调整心态时，要把握以下几个重点：（1）始终保持正确的谈判动机。面对对手的挖苦、讽刺或恭维，我们都要清楚地认识到我们来谈判不是为了追求虚荣心的满足，而是为了追求谈判的商业目标。（2）谈判时要将人和事分开。谈判对手总会有些真真假假、虚虚实实的手腕，处理问题时要按照实事求是的标准。

总之，不要因为贪图一时的痛快而使自己的经济利益受损。谈判中要学会控制自己的情绪，这是生意人成熟的标志。如果我们能够做到控制自己的情绪，并捕捉对方泄露出来的情绪波动信号，判断对方的情绪变化，就能赢得谈判，达到自己利益的最大化。

第三章 —— Chapter 3

了解对方越多，
对自己越有利

问得越多，获得成功的概率就越大

谈生意的时候，越是滔滔不绝，底细就会暴露得越多，获得成功的概率就会越小。在谈判过程中，要尽量少说多问，以便更多了解对方的真实意图，进而掌握主动权。

比如，"您公司中意什么样的产品？""您希望我们提供哪些技术服务？""先生，您最想拥有什么功能的手机？""小姐，这款衣服您偏爱哪一种颜色？"

可见，"问"是所有谈判、销售活动中极其重要的技巧，能帮助我们收集很多信息。

2007年8月1日，美国明尼阿波利斯市密西西比河上的I-35W桥梁坍塌了。事故发生后，明尼苏达州的交通部决定采用招标的方式对桥梁进行重建。

但是，这项价值2.5亿美元的生意最终被美国科罗拉多州的一家企业获得。更让人难以接受的是，它不但是参加竞标的企业中唯一没有在明尼苏达州修建过桥梁的机构，而且其竞标书要价最高，交货期也最长。

那么，为什么最后这家企业取胜了呢？负责此项决策的小组事后透露："价格和速度不是唯一的考虑因素。"这下参加竞标的其他8家企业都疯狂抱怨："你们从来没有把这些告诉过我们！""可是，你们从来都没有问过我们啊！"该项目组回应说，"而中标的一家这么做了。"

也就是说，科罗拉多州这家企业获得这样一笔大生意的秘诀是提问。他们从提问中了解了客户的需求和需求背后的原因，并提出了最适合的方案，因而竞标成功了。

在谈判之前，我们需要通过多提问，去了解我们要面对的客户或者公司。问什么呢？诸如，客户的出生地、求学经历、工作经历、创业历程、个性、家庭等。日本"推销之神"原一平先生，也非常善于在谈生意之前通过询问获取客户的信息。他曾经通过多方面的询问获得了一位偶遇老人的各种信息，并最终通过这些争取到了这个大客户。越是了解和掌握对方的信息和意向，对方越是容易被说服。

除了"什么"，我们还应该多问几个"为什么"，尤其是在正式的谈判中。可能大部分生意人都认为，向对手提问的目的，在于找出对方要些什么，然后设计一项让对方认为可以接受的协议或条件。但是，谈判高手会告诉你，比"对方要什么"更为关键的问题是找出"对方为什么要它"。而问"为什么"恰巧能让我们发掘出对方潜在的需求或立场背后的利益。

比如，某进口洗衣机公司与出口洗衣机的某公司就价格问题谈判。出口公司报价甚高，作为进口公司一方的谈判代表，我们可以问"为什么有这么高的报价？"对方自然会向我们列出支持他报价的依据，什么"洗衣机性能良好""最新产品""全自动节能环保型"等。如果你在谈判前已经搞清楚了同类产品的各项情况，那么你就可以逐项反驳，从而使对方做出让步。

美国某大公司与欧洲一家小型公司进行一项新医疗产品的采购谈判。当时双方都同意由美国公司以每磅18美元的价格，每年购买100万磅这种新产品。但是，之后这家欧洲供货商却拒绝将这项产品专卖美国公司，谈判一度陷入僵局。为了达成协议，美方不仅保证最低下单数量，还同意加价，但对方仍然不同意。

无奈之下，美国公司只得请谈判高手克里斯出马。克里斯听取了双方的意见之后，向供货商提出了一个非常简单的问题："为什么您不愿独家提供呢？"原来，供货商与自己的堂兄早有协议，每年堂兄向他购买300磅产品主成分原料，以制造在当地出售的另一产品。

获得了这条新信息，美国公司立即提议，由供货商为这家美国公司独家提供这项产品，但供货商堂兄所需的小额产品例外。双方都得偿所愿，愉快地签下了合约。

真正促使生意做成、谈判成功的，并不是靠双方的高谈阔论，而是双方的合作。在谈判时，多问几个"为什么"能了解到对手的最低要求或最大希望，我们可以借此找出共同的立场，寻求双赢的解决办法。

当然，不是每一件事都要问"什么""为什么"，问问题时，要尽量做到恰当又触及实质，才能得到我们所需要的东西。在销售时，一味地询问有时会引起顾客的反感，成交率反而降低。因此，导购或促销员要在询问过程中加入推荐，这样不但不会导致顾客乏味，还能进一步掌握客人的真实需求。

简言之，若一上谈判桌，就只顾发表自己的主张，而不询问对方的要求是不行的。任何一个说服客户的过程中，有效的结果大都不是来自于"说"，而是"问"。精明的生意人应该牢牢握住"多问"这把利器。

投石问路术，第一时间掌控对方虚实

当局势不明、决策信息不足的时候，为避免自己做出错误的决定，我们就应该尽可能地掌控对方的虚实。投石问路法作为一种试探性策略，常被谈判高手用来了解对方的意图。

所谓投石问路策略，是指在商务谈判过程中，谈判一方故意提出一些假设条件以探测对方意向，一旦抓住有利时机，就尽快达成交易的一种策略。

美国商业顾问机构的首席代表经常采用投石问路策略。在卖家报价后，他不马上还价，而是提出一些假设条件，询问"我们的订货数量增加一倍，能便宜多少？""假如我们要买几种产品，不只购买一种呢？""假如我们让你在淡季接下这份订单呢？""假如我们分期付款呢？"等，从而获得很多颇有价值的资料，判断出卖方在价格上的回旋余地，以引导新的选择途径。

做服装生意的个体户韩先生觉得某一款式的西装有较大销路，便决定购进500件。

但是，为了了解从卖主那儿批发这批服装的最高报价，即服装的最高价格，在谈判时，他并没有说出自己要购多少件，而是询问卖主"购买50件，单价多少？购买500件，单价多少？购买5000件，每件多少钱？要是买50000件，又能便宜多少？"

卖主把报价单送来后，眼光敏锐的韩先生立即从中获得了许多有用的信息。诸如，卖主的生产成本、设备费用的分摊、生产的能力、价格政策、谈判经验丰富与否等情况。

更重要的是，一般来说，卖主都不愿意失去能卖出500件甚至多十倍百倍的大生意，而是倾向于薄利多销。所以，在报价中，衣服的价格会相应地降低。因此，韩先生就了解到西服的最低价可以降到多少。这样他就掌握住了主动权，终于以最低价格做成了这笔生意。

投石问路的关键点在于选择合适的"石头"提出的假设。一般来说，我们投出的每一块"石头"都应该能使自己更进一步了解对方的商业习惯和动机，了解他可能抛售的最低价格。所以在提问的时候，我们应对购买数量、付款方式、交货时间、服务环节等问题进行有针对性的提问来了解对方的虚实。甚至有时候，我们还可以来点"胡搅蛮缠"，用合理的冲撞去冲破卖方的心理防线。

在采用投石问路策略时，我们的要点是不能立刻说出自己的盘算，不要透露自己的信息。一是能使我们自己有回旋的余地，二是让对方抓不住我们的弱点，会使我们在应战中轻松一些。

秋和是位经验丰富的业务员，服务于某电子产品公司。一次，该公司的工厂由于设备原因，生产不出订单中一款编号A579CD机，而订单是来自一家在全国都有连锁店的知名电器行。秋和奉命说服电器行让公司以编号E721的CD机来替代A579。

秋和前去拜访电器行总公司的周经理，因为不知道周经理会不会接受他的提议，所以，他决定对工厂不能如期交货之事闭口不谈。

寒暄之后，秋和试探性地说道："我们公司有一款E721 CD机，周经理可以看看。它和A579CD机的性能价格差不多，外观略为不同而已。

A579在贵公司的销量很好，不过这种东西其实和手机一样，消费者除了要求规格之外，也会喜欢外观新鲜、新奇的感觉。周经理上半年都是和我们订购A579，这次我是来向您推荐E721这款的，贵公司以后若订购这一款，可以给消费者新鲜感，您觉得呢？"

周经理听完，反应冷淡，表示："虽然你说得有点道理，但是，我们公司之前向你们订的A579那款销量一直都很好，我不太倾向于尝试新的商品。"

秋和观察了周经理的反应，退一步说道："不如这样，原计划贵公司是订1000个A579CD机，不如改成各500个，就当是测试市场的接受度，好吗？您若觉得可行，我明天就拿新的合约到您办公室。"若只交500个货品，工厂还是能如期交货的。最后，周经理接受了秋和的建议，一场风波消弭于无形。

投石问路的说话术，简单点说就是以退为进的试探方式。但是，想把问题丢还给对方，不能只简单地反问"你觉得呢？""那么你认为呢？"这样只会让人觉得我们没有主见，或搞不清楚主题概念。因此，投石问路也要讲究一点说话技巧。如果说话总是直来直去、不够机智，那么我们恐怕不能驾驭这种说话术。所以，在发问时，要做到不露声色，圆滑一些。

注意：很多时候，当我们提出的问题正好是对方所关心的，那么也容易将己方的信息透露给对方，反而为对方创造机会。所以，在使用该策略的时候，应谨慎，不要过度。

总而言之，当不知道对方的虚实之时，不妨用提问当"石头"，抛给对方问问"路"吧！

开放式提问，让客户参与到谈话中来

"说得多不一定卖得好"，多问才是控制谈判发展方向的最佳方式。可是，提问问得不好、不到位，同样会失去控制权。如何提问？不妨采用开放式的提问方式，让客户参与到谈话中来，从而获得更多的信息。

所谓开放式的提问，是以What、When、Why、Who、Where、How开头的提问，比如"您目前最关心的问题是什么？""在这个项目上，您这边的预算情况是怎么样的呢？""除了您，还有哪些人需要参与到这个项目的决策中来呢？"。相比于"是或不是""对或不对"的问法，开放式提问既令客户感到有参与感，能畅所欲言，又能帮助谈判者根据客户的谈话深入了解客户信息。这显然有助于双方的进一步沟通与合作。

纽约家具行业最有名的推销员之一辛格成功的最大秘诀是，他能够通过恰当的发问，让对方多说，自己倾听，并用问题来引导，最终发现顾客的需求，从而成交。

一次，纽约一家百货商场的家具部将要开业，捕捉到商机的辛格立刻通过电话预约到了该商场的负责人莱利先生。两人寒暄几句后，进入了正式的交谈。

辛格问："上次在电话里，您曾向我透露过，您计划销售坚固且价钱合理的家具。不过，我还想进一步知道，您期望的是哪些款式，您销售的对象是哪些人？还有，您能谈谈您的构想吗？"

莱利先生认真地说道："年轻人通常喜欢逛组合式家具连锁店，但城里的退休老人不少，比如我的母亲就是其一。去年她很想买家具，但是，组合式家具太过花哨了，预算有限，她也买不起那些高级家具。我的调查显示，很多老年人都有这方面的困扰。因此，我的商场里家具这部分，锁定的就是这群人。"辛格明白了莱利先生需要的是耐用型的家具。

辛格接着问："您曾说的价钱不高是多少？比如，您认为顾客愿意花多少钱去买一个沙发？"

莱利笑了："我不会买便宜的大路货，也不会采购上个世纪的'古董'。我认为，只要顾客能够确定这东西能够用很长时间，他们便能接受500美元到700美元之间的价格。"

听完这话，辛格就拿出自己公司的产品画册，告诉莱利先生自家企业生产的"典雅系列"，无论从外观还是品质上，都能符合锁定的顾客群的需要，价格也绝对能够确保，而且具有永久性防污处理技术，让家具不沾尘垢，清洁方便。

莱利先生很满意，并且同意合作。

常见的开放性提问有以下几种，一是"什么"，如"您对我们有什么建议？""如果选用了我们的产品，您的生活会发生什么变化？"；二是"为什么"，如"为什么您会对这款产品情有独钟？""为什么您做出了这样艰难的选择？"；三是"怎样""如何"，如"您觉得形势会朝着怎样的趋势发展下去？""您通常都是如何应付这些问题的？"；四是"哪些"，如"哪些问题经常令您感到头疼？""您觉得产品的哪些优势最吸引人？"

比如，我们想了解客户目前的参保情况，若是直接问："咱们公司目前跟哪家公司合作呢？费率是多少呢？"这样问，大多数客户的回答都可能是："这个不方便透露，你们先报个价吧。"我们就陷入了被动。聪明的生意人会这么问："您公司业务多，规模大，一定经常跟我们保险公司打交道吧？您觉得之前合作的伙伴如何？"这样一问，客户至少得说几句评价的话。之后，我们再问："那您对我们公司有什么要求呢？"这又是一个不能用"是与不是"回答，而必须长篇大论一番的问题。只要引发客户长谈，那我们总能找到其中隐藏的情报。

注意，开放性提问很有可能因为话题过于开放而跑题。因此在提问时，问题应该尽量简明，让客户清楚明白，还要能引导客户做有益于我们的思考，或者把客户引向以往的经历。更重要的是，这些问题要与客户的业务和目标直接相关，有助于谈成生意。不妨在谈判之前，把想要提出的问题如客户的需求、客户的困难、客户的关心点写下来。

诸如"我们可以帮您省钱，您是否有兴趣？""这就是您想要的一款吗？"这些大而空的问题，并不能帮助销售代表获得足够多的信息，反而会让客户有被动的感觉。聚焦于潜在客户的目标及挑战而提出开放性的问题则规避了这一矛盾，有助于发现客户需求，更容易帮我们获得订单。

封闭式提问，摸清底牌

有时客户过于健谈，采用开放式提问就会有很多对我们根本无用的信息。这时，要把谈话转移到正题上，我们可以采用封闭式提问。

封闭式提问，在销售中又称为"二选一法"，是指在一定范围内引起肯定或否定答复的提问。好处就是用来收缩谈话范围，使提问者获得特定的资料，逐渐把话题转移到购买决策上来。而且，一般情况下客户也不需要太多的思考过程和时间就能给予答复。

在肯德基点餐时，我们经常听到这样的对话。服务员问："您好，您要点什么？"客人回答："饮料。"服务员提出封闭式问题："我们有雪碧、红茶、可乐、芬达，您需要哪一种？"客人答："可乐。"服务员再请顾客选择："您要的是大杯、中杯，还是小杯，还是瓶装？"客人选择了中杯。服务员最后问："需要加冰吗？"客人点头，说："需要。"这就是典型的封闭式提问。用它让客户选择答案，可以将客户原本飘忽不定的思路局限在特定的范围内，能快速地让服务员搞清楚顾客需要的是什么，耗时短，又迅捷。

某日，一位客户到现代汽车展厅看车。销售顾问在简单的寒暄之后，边带客户参观，边问："苏先生，您是喜欢两厢车还是三厢车？"

"两厢的。"

"您希望车是自动挡的还是手动挡的？"

"手动挡的。"

"您喜欢小排量的还是大排量的车?"

"小排量的。"

"排量小是省油,但易导致驾驶动力不足,您能接受吗?"

"当然不能。"

"意思是说,您希望有一款在满足动力要求的前提下,排量小、能省油的车?"

"是的。"

"您喜欢什么颜色的车?"

"银色或黑色。"

……

最后,销售顾问总结道:"苏先生,通过谈话,我了解到您需要一辆在满足动力要求的情况下,能够省油的、银色或黑色的手动挡的两厢轿车,是这样吗?"

"是的。"

"那么,请允许我为您推荐这一款车,它完全符合您的需求……"

通过封闭式提问,总结客户的一些基本需求,并给客户一个总结式反馈,销售顾问会让客户觉得特别专业。而且根据客户需求,去介绍促销车型和提供购买的建议,会让客户觉得非常适合他的需要,易达成购买协议。

有时候,一些客户戒心比较重,在谈判之初,不愿意透露自己的底价。这时,我们可以采用选择式的提问方式,让客户在几个答案中选择一个,客户的防线就会被这个选择答案所击溃,不由自主地做出回答。

比如,问客户打算花多少钱来装修,客户可能推托自己还没定呢。此时,我们可以引导着提问:"您是打算花1万元以下来装修房子,还是1万至3万都可以？或者是3万以上呢？"客户下意识地就会选择出符合底价的答案，比如"1万至3万比较合适"。这样我们就摸清了对方的底牌，可以有的放矢地提出方案了。

而且，在成交环节中，也不可少了封闭式问题。封闭式的提问可以让客户做出一些小决定，可以避免客户的扩散思考和潜意识里的拒绝，促使客户做出购买决策。比如："您要红色的，还是蓝色的？""您是刷卡支付，还是现金支付？""请问您是为您一个人买一份保险，还是给您家人都买一份呢？"

注意，在会谈中，封闭式提问是必要的，但不宜多用。因为封闭式的问题是在强迫客户表达自己的观点，限制了客户的自由表达，使得对方产生压抑感和被审问感。因此，客户会表现出被动、疑惑、沉默，有抵抗性。一个方法是尽量询问一些客户会回答"是"的问题。有人说，6个"YES"就能做成一笔生意。另一个办法是封闭式提问与开放式提问适当地交替着使用，这样能使自己保持在主动地位，引导着客户按照自己的设想和思路逐步展开他的想法。

总之，封闭式提问，能帮助我们从客户那里得到具体而明确的答案，对于发掘客户需求、摸清客户底牌非常有效。

通过倾听客户的谈话来了解需求

戴尔·卡耐基曾言："在生意场上，做一名好听众远比自己夸夸其谈有用得多。如果你对客户的话感兴趣，并且有急切想听下去的愿望，那么订单通常会不请自到。"这是因为只有耐心倾听客户的谈话，才能理解对方的想法，知道对方的立场和需求是什么，进而有的放矢，提出适宜的建议。

一般来说，客户有客户的立场，有对生意人的戒心，因此他也许不会把自己真正的想法告诉我们，或者用不实的理由来搪塞，或者别有隐情，不便言明。所以，要想了解客户的真正想法，一定要善于倾听。

某家居装饰卖场里，一对父女在挑选地毯，售货员唐昕迎上去，热情地问："两位下午好，想要选一款什么样的地毯呢？"

老先生和年轻女士只是虚应了一下，没有回答，然后继续两人的聊天。唐昕看他们聊得出神，就没有进行"推介产品"这一环，转而细心倾听两位在谈什么。

从两人的谈话里，唐昕了解到年轻女士是陪父亲来挑选地毯的，因为母亲去世了，她为了避免让父亲睹物思人，对房子进行全新的装修，要换地毯。但是身为地毯的使用者和决策者的老先生觉得有没有都无所谓，更何况家里有只狗，弄脏了也不好清理，所以不想买。

意识到年轻女士积极、老先生不热衷，唐昕首先向年轻女士询问家里新装修的风格，并推荐了与之配套的地毯材质、色调。之后，她又用"使用窍门"的方式，间接告诉老先生地毯的适用位置和防污功能，以免除老先生的忧虑。最后，唐昕还对老先生夸赞他有一位孝顺的女儿，鼓励老先生多享天伦之乐。

就这样，本来无意购买的老先生终于购买了该店的地毯。

在与客户交谈时，无论客户是抱怨、责难还是称赞，我们都应该有所反应，以示关心和重视，更应该从客户的抱怨或称赞里了解到顾客的购买需求。一位软件公司的经理在和客户聊天的过程中，发现仅购买现有的产品并不能满足客户的需求。于是他和客户进行了沟通，认真听取了客户的意见，并着手研发和改进软件。最新设计的软件上市之后，立刻获得客户的接纳。

另外，当客户无心听取我们的介绍和推荐，而是正在与亲友或其他人讨论时，我们不必用那些招客户反感的问题去打听，而要认真倾听并从中获取信息。

在谈判中，一定要把自己的意图表达清楚，自己才能占据主动地位，这是商务谈判技巧的一个误区。在商务谈判中，多听少说是有利的。倾听能让我们从客户的陈述中发现对方的真实意图。然后，有的放矢地制订扬己之长的决策，我们将获得巨大优势和利益。

一次，日本某公司与美国某公司进行一场许可证贸易谈判。

谈判伊始，美方代表滔滔不绝地向日方介绍情况，而日方代表一言不发，认真倾听，埋头记录。当美方代表讲完后征求日方的意见时，日方代表却迷惘地表示"听不明白"，要求"回去研究研究"。第二轮谈判时，日方代表是全新的阵容，声称自己"不了解情况"。无奈之下，美方代表只好重复说明了一次，日方代表仍是埋头记录，表示"还不明白"。谈判再次进入休会状态。到了第三轮谈判，日方代表团又故技重施，只告诉美方"回去后一旦有结果便会立即通知"。

谁知，半年过去了，日方一直没有消息。正当美方谈判团得不到任何回音而焦躁不安时，日方突然派出了一个由董事长亲率的代表团飞抵美国，要求立即谈判，并抛出最后方案，催逼美方讨论全部细节。

在毫无准备之下，美国公司不得不同日本人达成了一个明显有利于日方的协议。事后，美方首席代表感慨道："这次谈判，是日本偷袭珍珠港之后的又一重大胜利！"

倾听谈判一方的陈述和发言是了解对方需要、发现事实真相的最简捷的途径。它能使我们更真实地了解对方的立场、观点和态度，了解对方的沟通方式、内部关系甚至小组内成员的意见分歧，从而掌握客户欲望和讨价还价的底线。

不过，专门研究倾听的专家拉卡尼克拉斯研究发现，一般人听别人讲话，不论怎样听，也只能听到一半。也就是说，如果谈判者一时马虎，将会失去一个不会再得到的信息。比如，有些生意人会在谈判中说"说来……"，看似是他刚想到的，其实十有八九是他所要说的重点，只不过是用随便的口吻伪装了一下；再比如，有些谈判代表会常在说话之前说"坦白地说""说实在的"，其实这也是一种掩饰，可能他并不真诚坦白。事实上，谈判者的许多言行细节，都在暗示他心中在意的问题。所以，我们只有仔细耐心地倾听对方说什么、怎么说的，这样才能捕捉到对方隐藏的动机和企图，然后为我们所用。

多听是谈判者必须具备的一种修养，是我们做的一个最省钱、最赚钱的选择。我们不仅可以从倾听中了解到顾客的购买需求，还能因为对顾客尊重而获得顾客的善意回报。总之，"用心倾听客户的谈话"，对任何生意人都是一句终身受用不尽的忠告。

掌握倾听的技巧

谈判专家称，商业洽谈并没有什么特别的秘诀，最重要的就是认真倾听对方所说的话，这比任何技巧都更为有效。既然倾听在生意场上如此重要，那如何才能做到真正的"洗耳恭听"呢？

不少人在倾听客户谈话时，最常出现的一点是只摆出倾听客户谈话的样子，而没有真正用"心"倾听，这是不对的。当我们确实这么做的时候，我们的这种心理变化会下意识地表现出来，甚至对客户接下来的言语"充耳不闻"。当客户向你提问时，你的毫无表情的缄默或者答非所问，都会让客户觉得自己没有受到尊重，感到不快和难堪，这对接下来的沟通非常不利。而且，如果我们在倾听时不能集中精力，那么往往会发生少听或漏听的现象，误解对方的意思，导致自己利益受损，后悔也晚了。

著名的推销大师乔·吉拉德有一次向一位客户推销汽车，谈生意的过程十分顺利。但是，当客户正要掏钱付款时，乔·吉拉德的同事们跟他闲谈起昨天的篮球赛。结果，客户突然掉头而走，连车也不买了。

吉拉德苦思冥想了好久，不明白客户为什么挑好了车却突然放弃购买。夜里11点，他终于忍不住给客户打了一个电话，询问客户突然改变主意的理由。客户不高兴地在电话中告诉他："今天下午付款时，我跟您谈到了我的小儿子，他刚考上密歇根大学，是我们家的骄傲，可是您一点也没有听见，只顾跟您的同事谈篮球赛。"

059

吉拉德由此明白了，这次生意失败的根本原因是自己没有认真、用心地倾听。

所以，倾听不是一个被动接受的过程，而是一种积极主动的状态，是要用心的。在与客户的交流和谈判中，我们要全神贯注，充分调动自己的知识、经验储备及感情等，使大脑处于紧张状态，以便在接收信号后立即进行"识别""归类""解码"，并做出相应反应。掌握这一要点的最佳办法就是与客户谈话应始终保持饱满的热情与良好的精神状态，并时刻专心致志地注视着客户。

一些生意人在听对方说的时候，内心里总迫不及待地等待机会，想要讲他自己的话，结果总是打断客户的话。记住，这个世界上没有任何一个人喜欢自己正说话时被打断。正如医生要听了病人的病情之后才开始诊治一样，我们也要让客户充分完整地表述了他的问题之后，才适当地引导，否则我们很容易会被客户反感。

一位业务员在参观了某厂的情况后，发现客户自己维修花的钱比雇佣专门团队干还要多，并向客户询问原因。

客户坦诚道："我也知道自己修理不划算，也承认你们的服务不错，但是，你们毕竟缺乏电子专业方面的……"业务员立马打断："对不起，请允许我插一句。任何人都不是天才，不过我们拥有更专业的设备和材料……"

客户点头，说："这点我承认，不过，你误解了我刚说的意思，我想说的是……"业务员赶忙说："我明白您的意思。可就算您的部下绝顶聪明，也不可能做得出高水平……"

客户有些生气，沉声道："你没有弄明白我的意思，我是说……"这时业务员又说："厂长先生，我只说一句，如果您觉得……"客户站起来，厉声道："你走吧，我们没什么好谈的了。"

  几次三番打断客户的述说，是谈生意中的一大禁忌。如果不改正，那是根本没有成功的希望的。优秀的倾听者应当让客户心平气和地讲完，即使他的意见不是新的或不符合实际的情况，也要听下去。尤其是当客户表达他们的抱怨、异议和责难的时候，也不要试图去打断他，更不要和客户讨论或争辩一些细节问题。我们要认真听他说，并做出适当的反应，给予巧妙的、真诚的回答。当然，如果你确实觉得客户讲得淡而无味、浪费时间的话，可以提一些你感兴趣的问题，以此转移对方的谈兴，但方式应当巧妙自然。

  谈判聊天都必须有来有往，若是对方一直说，而我们一直面无表情地保持缄默，那多大的谈兴都会被我们的冷漠所浇灭。所以，聪明的生意人要在不打断对方谈话的基础上，适当表达自己的意愿，表达自己正在充满兴趣地倾听着。

  比如，适当发问的技巧。为了鼓励客户讲话，或者当客户的思路中断，我们可以说这样的话，比如"是的""不错""您的员工也一定非常开心""您是说……""这种药很不错"。这种看准时机的发问不但会帮助顾客理出头绪，而且会使谈话更具体生动。有时候，我们也可以适当地重复一下客户的观点，表达一下自己的感慨，这会让对方明白你始终都在倾听。

  倾听需要有恰当的面部表情和肢体语言，因为它们也是我们是否用心倾听的一面镜子。比如，有些人总是一边听，一边乱写乱画，胡乱摆弄纸张或看手表，这其实都是心不在焉的表现。

  在倾听时，我们应该做到必须看着对方的眼睛，用点头或者微笑表示赞同对方正在说的内容，表明您与说话人意见相合。若是对方在感伤，我们也应该做到"同情同感"。要把随手把玩等使人分心的东西（如铅笔、钥匙串等）放在一边。有时候，我们需要取出纸笔，记住对方的重点话语。需要注意的是切不可过度卖弄，如过于丰富的面部表情、手舞足蹈、拍大腿、拍桌子等。

注意，倾听当然并不是要求生意人坐在那里单纯地听那么简单，倾听是为达成交易而服务的。所以，倾听是我们要关注客户传达出的相关信息，判断客户的真正需求和关注的重点问题，这是核心。一旦我们对这些相关信息置之不理或者理解得不够到位，那么这种倾听就不能算得上是有效的倾听了。

要想实现有效的倾听并不简单。倾听是一门需要不断修炼的艺术，所以生意人必须不断学习和修炼倾听的技巧。

第四章 —— Chapter 4

对症下药，
非常之人当用非常手段

开价一定要高于你想要的实价

有关价格的讨论是谈判的主要组成部分，一次商务谈判中通常会用70%的时间来协商价格，而很多没有结局的谈判也常是因为双方在价格上存有分歧。那么在谈判时到底如何开价呢？有一个规则——向买家开价一定要高于你想要的实价。

不少人可能认为这很不切实际，心想："开高价，很容易被淘汰出局啊！而且，买家又不是傻瓜。我要得多或少，他们一听就知道。"但是，著名的谈判专家、美国前国务卿基辛格明确告诉我们："谈判桌上的结果取决于你的要求夸大了多少。"

其实，开价一定要高于实价的一个理由是这种报价策略中包含策略性虚报部分，能为下一步双方的价格磋商提供充分的回旋余地。因为在谈判中我们总不得不降价，却几乎不可能抬价。如果我们所要的价格远远超过了我们的实价，并暗示对方可以有某些弹性，那就意味着对方可以砍价，而他们一般会抱着"砍一砍，看能砍到多少"的心态继续谈判。买卖双方有了博弈的空间，那就可能创造出双赢。

国际知名谈判专家荷伯与妻子到国外旅游，妻子想到商业街观光，于是荷伯决定回旅馆。

在街角，一个当地的居民在炎热的天气里身披几件披肩毛毯独自叫卖，他冲荷伯喊："1200比索！"荷伯告诉他："我不想买披肩毛毯，请你到别处卖吧。"小贩点头，表示听懂了。

荷伯继续往前走，却听到身后有脚步声，原来小贩一直跟着他。小贩喊道："800比索！"荷伯生气了，他开始小跑，小贩在后面喊："600比索！"等他在路口等绿灯时，小贩赶上来，叫道："500比索，好吧，400比索！"

荷伯又热又累，气呼呼说道："我不买，别跟着我！"小贩叹了口气，说："好吧，你胜利了，200比索。"荷伯也吃了一惊，虽然他压根儿没想买披肩毛毯，但他还是难以置信地问："你说什么？"小贩重复了一下，而荷伯决定看一看披肩毛毯。

两人经过一番讨价还价，最后他只花了170比索。据小贩说，他的这个低价创造了墨西哥历史上买披肩毛毯的新纪录。荷伯很得意，尽管天气很热，他还是把披肩毛毯围在了身上。

回到旅馆，他一见到早已回来的妻子，便展示自己购买的披肩毛毯，谈论自己的经历。听完，妻子讪笑道："真有趣，我也买了同样一件，在壁橱里，花了150比索。"

一个普通的小贩为什么能说服了一个国际知名谈判专家？他成功的秘诀就在于"高起点、低定势"。相反，起价定得低，那么，成交价也就相应地降低了。

事实上，高明的谈判者还明白开高价可以让客户获得心理满足。因为如果我们一下子给了客户最低价格，并且这个价格说一不二，那么谈判还有什么可谈的；对方即使接受这个条件，还是会有一种被动的感觉，甚至会有一种上当的感觉。

一对夫妻花3个月找到了一只他们喜欢的古玩钟，商量只要不超过500美元就买回家，但是钟上面的标价是750美元。虽然两人觉得用500美元买这只钟的希望很小，但丈夫还是决定试试。丈夫鼓起勇气，对老板说："我看到有只小钟，标价上都积满了尘土，我想给你的钟出个一口价——250美元！"老板眼都没眨："卖给你。"这对夫妻没有欣喜若狂，而是呆愣和懊恼，心想："我们多傻，这钟本来恐怕就值不了几个钱，或者，肯定是里面的零件少了，否则为什么那么轻呢？"虽然这钟看上去美极了，而且走得很不错，但是这对夫妻总是不放心，甚至每晚都要起来3次，因为他们断定自己没有听到钟声。造成这种精神痛苦的原因就是那个老板居然以250美元把那只钟卖给了他们，这让他们觉得受了欺骗。

而对方若能如那位买主一样从1000美元砍到150美元（即便150美元也是较高的价格），但在他的心理层面上，他就会有一种获利的自然满足感。因为他通过努力砍掉了部分水分之后获得了较合理的价位。可以说，提出高价让客户砍，创造了一种让买家感觉自己赢了的情境。

注意：我们对对手了解得越少，开价就应该越高。因为首先我们对他们了解的确实不多，也许对方愿意出更高的价格呢！其次，如果我们对刚刚建立联系的合作者在价格上给出较大让步，比如从100万让到50万，那么会表明我们有更大的合作诚意。

开出较高的价格，即便不能以此成交，也会让我们的产品看起来具有更高的外在价值。这句话基于一种惯性认知——人们相信，价格贵的产品，质量一定会好一些，即使事实上差别是非常细微的，而且人们觉得价格贵的产品会感觉更好。比如，同样的配置，神舟电脑卖3000元，索尼电脑卖4000元，大部分人都会买索尼的电脑。

稍微提高一点价格，然后告诉对方"我相信我们比其他品牌的质量要高一些"或者"我相信我们这一款会更受欢迎"。注意：这里没有说"是"，而是说"我相信如此"。但是，我们这样开价并解释之后，就如同在谈判对手的脑海里灌输了"我们的产品比其他的更好"的感觉。

当然，这种开价必须基于价格谈判的合理范围，要高得不至于把对手吓跑，切不可漫天要价，否则很有可能失去交易的机会，或导致谈判失败。要做到这一点，我们就要做到知己知彼，努力把握谈判的局势，做出正确的判断。

总之，若我们开价低于买家可能认为是不合理的最高价格，便会处于一种被买家嘲笑或压倒的境地。所以，开价高于实价是一种安全的选择。

将丑话说在前边，看对方怎么反应

中国人说话办事历来很讲究分寸，在做事之前有"把丑话说在前头"一说。这样一来，谁如果违背了禁制，受到了处罚，那就怪不得别人了。其实，在谈生意的过程中，也有一种技巧，名为"丑话在先不为丑"，是指在谈生意进入正题之前，就表达自己这一方对某事的态度，并通过事先传达掌握主动权，从而引导事件朝自己有利的方向转化。

买卖双方进行博弈，自然是为了获取最大的利益。但是，如果可能会出现不好的结果，决策者就一定会三思而后行。将不中听的话、最糟糕的现状告诉对方，事先向对方挑明自己的态度，看对方的反应，然后再出击，是一种很好的博弈方法，在不同的场合会起到不同的作用。

有时候，喜欢冒险求胜的谈判者在刚开始就会采取兵临城下的大胆做法，提出自己最在意、最想达成的条件，然后看对方怎么反应。比如说，"我真的喜欢你的产品，而且真的有此需要，可惜没有能力负担。"那么谈判的另一方有两种选择，要么无法接受、谈判破灭，要么修改合同、调整战略、重新谈判。

一种"把丑话说在前"的方式是在生意谈判之前明确地告诉对方，我方的供货价格因为种种原因已经"定死"了，不能下调，希望对方能理解。这样就堵住了客户要压价的争论，收到一种先发制人的效果。比如，在专卖店以及其他的一些营业场所，我们时时看到这样一些告示性的标语——"谢绝还价"。

要在生意谈判中借此获得对方的妥协，那么我们还需要向客户说明影响价格制订的要素。比如告诉客户某产品原料配方特别、工艺先进等，让客户感知确实是一分钱一分货，价格很实在，从而愿意改变策略。注意，这样做有个前提，就是不担心或者有办法不至于丢掉生意。

如果调查准确充分，在生意谈判之初就把可能对对方不利的情况摆上台面，对方就一定会有所顾忌，陷入被动。这样，在进行博弈时，可以打击对方的士气，延缓对方的攻势，增加自己的胜算，甚至起到"不战而屈人之兵"的效果。

有时，人们之所以把可能造成的不好影响提出来，为的是可以让自己更心安理得。因为做出提示后，自己尽了责任，同时减少了责任。无论是有心还是无意，事先讲丑话，三思后再决定，都有益于保护双方的利益。

陶女士想以2折的价格购买一件原价1000元的皮衣。在议价时，皮衣店的老板坦白告诉她："这件皮衣之所以如此便宜，是因为在运输途中曾被水浸过，现在已经重新处理过了。但丑话说在前，一旦出现质量问题，不退货。"陶女士考虑了半天，还是决定购买。

不过，一个月后，陶女士就发现皮衣泛碱，无法再穿。她去退货，也没有获得商家的同意。

后来，陶女士投诉到消协，可根据《消费者权益保护法》的规定，经营者应当保证在正常使用商品或者接受服务的情况下其提供的商品或者服务应当具有的质量、性能、用途和有效期限；但消费者在购买该商品或者接受该服务前已经知道其存在瑕疵，且存在该瑕疵不违反法律强制性规定的除外。

所以，把丑话说在前的皮衣店老板没有退货的责任。但经消协调解，皮衣店同意在收取适当费用的情况下帮助陶女士进行修护。

在卖产品之前，我们不妨跟客户明确哪些配件可以保修，哪些不属于保修范围的，或者哪些情况下是可以退货的。这样，万一出了一些故障，我们会依据约定，对于保修范围的，不收取任何费用。而且，虽然不保证产品使用多年一点不出故障，但能保证优质高效的售后服务。这种真诚，也能获得对方的好感，促成合作。

不少生意人谈判或签合约习惯只讲好话，不讲丑话；只讲正面的，不讲反面的，不懂得应当"先小人后君子"的诀窍。结果，一出现违约或者矛盾，双方的利益都会受损。若是谈判之前能说点申明规则和违规惩罚的话，甚至做出规定，那么就可以预先设置一个情感的缓冲器，可以减少很多不必要的麻烦，避免出现不好的结局。

这种状况常出现在合作谈判中。周林和梁海合伙开了酒楼。周林交际广，经常带朋友到酒楼来用餐，梁海也觉得这对增加酒楼客户有好处，所以从不记账。可是一段时间后，梁海发觉自己天天忙活却没赚多少，原来他有很大一块利润都被周林和他的朋友"免费吃"掉了。

如同婚前要做婚前财产协议一样，在合伙做生意之前，一定要先说丑话，如将来公司经营好了，各自主管什么，如何分成，或者如果生意失败，债务怎么承担等问题。讲明了这些，大家才好心无旁骛地合伙谈生意，避免事发突然，否则会来不及反应，或者产生误解。

需要注意的是，若是之前没有说丑话，那谈判最后就不必再说了。因为此时对方已经掌握了主动权，我们再有什么强硬要求就是处于下风，即便表达了意见，听起来也微不足道了。所以，谈判界有"丑话在后人才丢人"之说。

在谈判桌上不敢讲与利益有关的、怕伤感情的"丑话"，是谈判者的一大禁忌。有时候，冒冒险，先发制人，反而能让看起来没戏的谈判柳暗花明。

要尽量保持身后还有决策者的谈判优势

很多谈判者从老板、上司那里获得了最大的价格权限，并暗示对手："我就是那个有权最终决定这个价格的人。"这种把自己当作决策者的谈判者等同于把自己置于不利的地位，因为这其实是亮出了一张底牌，对方很有可能利用它逼着你做出不利于自己的决定。

任何一个谈判团队，至少需要有三重角色：指挥官、首席谈判代表、书记员。这是任何成功谈判必不可少的要件。即使这三重角色只能靠一个人去扮演，那这个人也必须意识到这是三种不相同的重要任务——做决定、谈判、记录现场情况。由此，纽约警察局前首席谈判专家、国际公认的商业谈判专家多米尼克·米斯诺说："谈判的一大关键就是在谈判之前，必须明确地进行角色分配和考虑……谈判者不是决策者，决策者不是谈判者。"

"谈判者不是决策者，决策者不是谈判者。"在这里的意思是说，不要自己做主，哪怕事实上确实如此。我们要在和对手谈判时，把"最终决策者"这个角色与"谈判代表"相分离，保持"身后还有决策者"。

比如，我们告诉对方："你知道，要是这事我做得了主，我就马上签了合约，把大把钞票双手奉上。可是你知道，我老板不是那么好说话的……"我们可以利用它和谈判对方建立比较和谐的关系，因为我们和对方已经达成了"共识"，现在我们要携手去对付那个不好说话的"老板"，或者找到更加合适的条件促成交易。

韩滔与某家公司为一个项目谈了很久，但仍因为5万元价格差而没有达成一致。为了促成项目，韩滔说："我们已经花了这么多时间，开出的价格已经非常接近，我们双方都能承受，如果因为5万元的分歧使谈判破裂，那会是双方的耻辱。"

这时，对方的谈判代表唐州在思考之后，表示："那么，我们折中怎么样？"

韩滔内心很激动，终于有了进展，但是他脸上装得有些迟钝，不明所以地问："折中？什么意思？我要120万元，你给115万元，你说你会涨到117.5万元吗？"

"是的。"唐州说，"如果你能降到117.5万元，我们就成交。"

韩滔表现得很犹豫，说："117.5万元听起来不错，但是我自己不能决定，我得问我的上司和老板商量一下，看看他们觉得怎么样。我也希望这个价钱能够成交，这样我们就不用浪费太多时间了。"

第二天，韩滔对唐州说："我本来相信自己能让他们接受117.5万元的价格，但昨晚他们花了两个小时又过了一遍数据，坚持说如果比120万元少一分钱，我们就会亏本。但庆幸的是我们只有2.5万元的分歧。"双方又开始讨论，最终以118.75万元成交。

而事实上，韩滔一方的底线始终都是116.5万元。

在一些谈判中，哪怕是和非常讨厌的人谈判，我们有时候也会忍不住想要取悦对方。尤其是对方做出较大让步或者对我们非常有礼友善时，我们还有可能喜欢对方。但是，这种喜欢可能会让我们忘记谈判的目标，掉进对方的陷阱。而若自己身后还有决策者，必须请示别人再做决定，方可抵消这一不利倾向。即便自己就是那位决策者，这么说也可以让我们有时间冷静思考或充分去了解对方的底牌。所以，说"我不能做主""要问问我们老板后再做决定"这些话能避免我们做出糟糕决策，揽下糊涂交易。

当我们只有单人上阵去谈判时，可以给自己虚设个上司或最终决策者。但在谈判之初，不要告诉对方。当价格谈到最后，双方仍然有一定的价格分歧时，可以告诉对方："现在这个情况，我得跟领导请示一下。"注意，不要告诉对方这个最后的决策者具体是谁，避免对方跳过你找你的领导，你可以称它为"公司""部门""上级"等。

若被对方识破，他可能会用激将法逼我们做出最后决策。这时，我们要看清形势，保持冷静，不要中了对方的计。

把自己当作决策者的谈判者等于把自己置于不利地位，而把"苛刻的要求推给虚设领导"既能让我们不让步，还能获取回旋余地。

故布疑阵，迷惑对手

所谓故布疑阵，是指谈判的一方利用向对方泄露己方虚假信息的手段，诱人步入迷阵，从而掌握主动权、从中谋利的一种方法。布疑阵的主要方法是故意，但装作无意地在谈判室或走廊里遗失你的备忘录、便条或文件夹，或者把它们放到对方容易找到的纸篓里。因为一般人的心理是由间接途径或偶然得到的消息比直接得到的信息更可信任、更有价值。所以，他们会对这些信息信赖不已，陷入我们布置的假象中。

某建筑承包商得到了一个大型建筑项目的合同，按照惯例他采取招标的方式把其中大部分工程转包给其他小的承包商。为了压低承包价格，保证自己获得尽可能多的利润，他采用了故布疑阵的策略。

每当有投标者来拜访这位建筑承包商时，都会很意外地发现在写字台边上或文件夹下面有一张手写的竞价单。大部分人暗自庆幸自己的这一"意外发现"，觉得只要自己开出比上面更低的价格就有中标的可能。

他们不知道，这是建筑承包商故意放在那里的。为了怕他们看不见，他还借故离开办公室几分钟以方便他们打探虚实。结果，每个投标者都"自觉"地按照那位承包商的意图行事了。

注意：要让对手上钩，那我们一定要做到一切都自然而且合乎情理，就像军事上的秘密计划常常在战场上死去的军官身上发现一样。否则，被对方识破真相，我们就会落个聪明反被聪明误的结果。所以，我们要为对方创造获取机密的有利条件，如把备忘录、便条、文件等信息遗忘在走廊里，或者通过和对手相识的第三者的"闲言"等。

现在，媒体发达，如果能利用媒体放出烟幕弹，隐藏真实情况或是意图，假借一个恰当的形式或局面来制造声势，就能让对方不知不觉地接受我们所释放的信息，从而做出错误的判断。

资金充足的詹姆斯决定购买得克萨斯州某郊区的一块地皮建设旅馆。但地皮的主人雷克斯非常顽固。第一天，两人就产生了严重的分歧，因为雷克斯开出了20万美元的高价，詹姆斯却只愿出8万美元，差距甚远。两人分别让步到15万美元和10万美元后，谈判陷入了僵局。

不久，雷克斯听说詹姆斯打算在西郊买地，但他想到西郊是工业区根本不适合经营旅店，明白这是詹姆斯在给自己施压。于是，他也故意向外界宣扬自己将把地皮卖给另一个房地产商。

詹姆斯知道后非常着急，但他又不能主动找雷克斯。几经思考，他让公司签发了一份"秘密文件"，内容是詹姆斯的老板通知他放弃东郊那块价格过高的地皮，购买南郊的某地皮，并尽快开工建设。

雷克斯几经周折，打听到这个"内部消息"，并深信不疑。他忧心忡忡地找到了詹姆斯，最终以11万美元售出了那块地皮。

有时候，威胁若用得好，也能起到迷惑对手的作用。这里所谓的"威胁"与恶意的恐吓没有任何关系，而是销售员通过对客户需求的认真分析，对客户进行的善意提醒。

比如，客户还对产品的价格下不了决心时，我们不妨适度"威胁"一下，方法是当着客户的面接电话，谈论货出得快不快，仓库是否还有存货，营造出一种产品非常紧俏的状况。然后我们可以有意无意地告诉当前的客户："我们的产品非常受欢迎，如果您现在不买，到想买的时候可能就没货了，那时，你一定会感到遗憾的。"只要我们"威胁"的点是对手最为关心的，是有事实根据的，那么一定能打乱他的阵脚。

除此之外，将一个本来很简单的问题复杂化，把水搅浑，或者改变计划，突然提出一项新建议，使每件事情又得重新做起；或者问东问西，答非所问，故意装糊涂；或者故意加错或乘错，漏字；或者说大量的恭维赞美之词，以及用厚礼来松懈对方等，都是布疑阵的好方法。

同样地，如果对手采用了这个方法，那么我们一定要保持高度的观察力和应变力，懂得洞察对方举动的真实意图，并制订灵活的应对策略。相信，只要用心收集信息，不被假象所迷惑，那么我们就能避免落入对方设下的陷阱。

用强硬去软化对手

在生意谈判中，我们往往会遇到一些强硬的对手，他们自信傲慢、言辞苛刻、怀疑一切，压根儿让人感受不到谈判沟通的诚意。遇到这样的对手，如何才能谈成生意呢？谈判中的一条重要规则告诉我们："你要以刚克刚，而不是以柔克刚。"

富有经验的生意谈判者都清楚，若是一看到对方的强硬就软弱屈从，那么对方的期望值可能再次上调，变得更加强硬苛刻。有句名言"如果你想变成绵羊，狼是不会反对的"说的正是这个道理。但是，若你比对方更加强硬，那么对方可能会马上软下来。这就是谈判界常说的强硬可以软化对方。

如何比对方更强硬？

首先，我们要控制自己的情绪。强硬派之所以"强硬"，是因为占据心理优势，讨价还价的余地大，能为他所代表的一方争取更大的利益。我们不应畏惧对方，毕竟谈判是为了达到某种目的，我们可以告诉自己："没关系，对方也需要达到目的，他是在虚张声势。"更为关键的是，不要被对方的态度激怒。带有情绪的回击根本不能推动谈判，反而会让我们落入对方的陷阱，使我们无暇专注于从大局去面对谈判的内容，无暇为自己争取更大的利益。

我们要观察谈判现场，看看谈判主题是否有偏颇，现场的气氛如何。一般说来，强硬派的言辞，大多是有意地在"搅浑水或者强词夺理"，所以我们要把双方的注意力拉回到谈判进程中。如果对方仍然不依不饶，那么我们就要进行"火力压制"，多问对方问题，而不回答对方问题。

若是对手仍然强硬地要我们放弃某些权益或者必须执行某项决定，而这对我们来说是受损严重的，那么我们应该有"谈不下去就拉倒吧"的心理准备。想一想，谈判最坏的结果就是谈判破裂，买卖无法成交。我们应该这么想："这总比牺牲我们的长远利益要强得多吧。"

1986年9月的一天，杭州万向节厂厂长鲁冠球正在与美国俄亥俄州某公司总裁特伦斯·多伊尔以及该公司国际部经理莱尔进行一场激烈的谈判。美方要求独家经营杭州万向节厂的所有产品，不准该厂自主销往其他国家。这意味着自己要放弃许多机会，鲁冠球当然不同意，双方僵持不下。

美国公司历史悠久，自认为实力雄厚，胜券在握，说出来的话咄咄逼人。国际部经理莱尔强调："我希望厂长先生还是签订这个协议为好，否则，我方将削减贵厂产品的出口数量，这对贵方带来的损失是巨大的。"公司总裁特伦斯·多伊尔也威胁道："……你们可以把产品出口给其他客户，我们也可以不买杭州万向节厂的产品，而转向购买印度、韩国、巴西以及中国台湾的产品。"

鲁冠球沉着冷静，说："按照国际贸易惯例，我厂和贵公司只是单纯的买方与卖方的关系，我们愿意把产品卖给谁就卖给谁，贵方无权干涉……我再次重申，不同意签订独家经销协议！"话音刚落，多伊尔猛地站起身，边收拾皮包边说道："这样的话，我们只能放弃进口贵厂的产品！"谈判至此破裂。

不久，鲁冠球便收到了美商的一份措辞严厉的信件，称杭州万向节厂的产品存在问题，需要重新检验，要付检验费。此后各种刁难不断，如出口信用证应提前两个月寄来，美方却迟迟不发；出口量被削减一半多。

面对美方施加的压力，鲁冠球仍然不为所动，而是迎难而上，一年内开发了60多个新品种，打开了日本、意大利、澳大利亚、联邦德国、马来西亚等国际市场。意大利的考曼跨国公司总裁在参观了杭州万向节厂后认为，"产品信誉高，是可以信赖的合作伙伴"，因此一次就签订了17万套的万向节合同。甚至，杭州万向节厂还打破了美方的垄断，产品出口到8个国家和地区。

1987年圣诞节，多伊尔和莱尔带着礼品来到杭州万向节厂，向鲁冠球表示歉意，并赠送铜鹰，希望两家公司的合作能腾飞全球。此后，双方的合作揭开了崭新的一页。

在用强硬反击时，我们应该事先收集足够的信息，看清楚对方的目的和意图，并找出对方的弱点，采用出其不意的方法，反击对方的强硬要求。此时，如果谈判对手没有心理准备，突遭变故，一般很难再坚守自己的阵地了。当然，我们也可以用"黑脸""白脸"战术，软硬兼施，让对方措手不及。

总之，遇到"强硬派"谈判对手不要怕。经验丰富的谈判者明白，用更加强硬的态度可以软化对手的强硬，当双方都能心平气和后重新谈判促成合作的可能性更大。

运用竞争的态势，向对手施压

生意人最担心的就是别人和他竞争。一旦他发现这笔生意还存在其他竞争对手，就会因为担心失去机会而更容易做出让步和妥协。所以，制造和利用竞争永远是谈判中逼迫对方让步的最有效的武器和策略。在谈判时，我们不妨引入竞争，为自己谋取有利的谈判地位。

如何引入竞争呢？一个诀窍是有竞争对手的一定要利用起来。

一般，我们可以同时邀请相互竞争的对手来谈判。具体来说，可以邀请多位卖家来投标竞价，或同时邀请几家主要的卖主与其谈判，把与一家谈判的条件作为与另一家谈判要价的筹码，促其竞相降低条件。再或者，邀请多家卖主参加集体谈判，当着所有卖主的面以压低的条件与其中一位卖主谈判，迫使其接受新条件。

现实商业活动中，拍卖、招投标等形式都是这一策略的具体运用。房地产中介总是喜欢安排几个买家一起看房，以制造买家相互竞争的局面。引进技术谈判时，生意人也会邀请多个厂商进行集体谈判。

1980年奥运会在莫斯科举行。在这之前，为了提高奥运会转播权的售价，苏联巧妙地运用了挑起竞争、坐收渔利的策略。

1976年蒙特利尔奥运会期间，苏联邀请美国三大广播网——ABC（美国广播公司）、NBC（美国全国广播公司）、CBS（美国哥伦比亚广播公司）谈判，并分别向他们报出了莫斯科奥运会转播权的起点价是2100万美元，意在引起三家的激烈竞争。

经过多番谈判，ABC 以 7300 万美元的较高报价在竞争中取得了优势。但是，此时，CBS 却雇用了德国谈判高手洛萨，并与苏联谈判代表达成协议：CBS 以高出 ABC 的价格购买转播权。

1976 年年末，苏联又将 3 家广播公司的负责人请到莫斯科，宣布上次谈判的目的是考察他们是否能获得最后阶段谈判权的资格，并希望 3 家重新出价。3 家公司很恼火，集体退出谈判。

但是，苏联却将一个毫无名气的沙特拉公司作为第四个谈判对手，而把奥运会转播权交给这样一个公司等于耻笑美国的三大公司。接着，苏联又说服洛萨，让他劝说 NBC。经过多次交涉，NBC 广播网最后以 8700 万美元买下了莫斯科奥运会的转播权。

事实上，苏联原本打算以 6000 万美元到 7000 万美元出售转播权。当 NBC 获知这一情况后，后悔莫及。

使用竞争的方法，"坐山观虎斗"不但能分别向各家公司施压，还能使我们从中获取有益的信息和最优惠的条件，选取最佳的合作伙伴。这对于对谈判的主题是外行的生意人非常有益。

如果没有竞争对手，此策略依然可以使用，要点就在于我们要为对方虚构一个竞争对手。美国谈判学专家罗杰·道森曾经说过："编造的信息有惊人的力量。"只要不被对方识破，虚拟的对手同样也可以起到削弱对方实力和地位的作用。

一位律师要装修会议室的地板，他找了很久才找到一个揽生意的小工。但是小工开价 6000 元，并表示最多能再优惠 500 元。

律师非常发愁，他不愿意再去找其他小工，但也不同意接受这样的高价。怎么办呢？

当时，身为律师朋友的某谈判专家正好在场。谈判专家心生一计，对小工说道："好吧，你把价格再算一遍，把你的最低价写在名片上给我，回去等我电话。实话告诉你，你是今天第一个来看的人，待会儿还有两个人要过来。如果明天上午你接到我的电话，就过来做；如果我没有给你打电话，你就不用来了。"

小工停顿了一下，低头算了半天，说："5000，最低了，再低真的不能做了。"

谈判专家只说："你把价格写下来就可以了，你不做别人可能愿意做。"

之后，小工又想了一会儿，在名片上写下：最低价 4500 元。

第二天，小工接到了要他去工作的电话。

"鹬蚌相争，渔翁得利。"若能巧妙地制造假象来迷惑对方，成功制造竞争，那卖者的竞争越激烈，我们获得的利益就越大。

如果对方对我们使用了"坐收渔利"的策略，反击对策要视情况而定。比如，对于利用招标进行的秘密竞争，要积极参加。对于背靠背的竞争应尽早退出。对于面对面的竞争，最好是只倾听而不表态，不答应对方提出的任何条件，按自己的既定条件办事。

总之，在谈判中，我们应该有意识地制造和保持对方的竞争局面。若能有效利用竞争的态势，向对手施加压力，那么我们就能使对方让步。

"沉默"也是一种策略

很多人也许会觉得口才越好、说话越多的人,越容易谈成生意。表面上看,口若悬河似乎占有压倒对方的优势,但事实上,你说得越多,暴露出的弱点也就越多,越不容易赢得对方的信任。有时候,适时"沉默"反而是一种有效策略。

"沉默"战术,是指在谈生意的过程中,尽量避免对谈判的实质问题发表议论,可以先不开口,让对方尽情表演,或者多向对方提问,以探寻对方的真实动机和最低目标,再有针对性地进攻。它之所以能帮助我们达成目的,是因为一方的沉默能使谈判气氛降温,向对方施加巨大的心理压力,使得对方不得不快速做出决断或让步。

某公司的业务部经理邵源,到一家电子科技公司推销产品。简单的产品介绍演示和客户试用之后,邵源就不再多说话了。

客户翻来覆去地把玩产品,称跟他接触的好几家公司质量都不错,若是购买邵源公司的产品需要什么样的质量保证、保修、售后等,但这些合同条款上都已经明确标明了。

之后,客户拐到了价格问题上,说:"优惠一点,况且我们起量都很高,需要300个以上。"

邵源对自己的产品心中有数,认为有绝对胜出的优势,所以,在客户表达异议的半个小时里,他只说了4句话,其余都是在摇头和认可客户的观点，对产品的价格更是只字未提。原本镇定的客户显然受到了影响，他犹疑一会儿，自己开出了一个价。

这个价格，邵源完全能接受，但他没有喜形于色，而是假装委屈，说要回去和老总商量一下，尽量帮客户争取。但是，当天下午，客户就给邵源打电话，同意以邵源的开价进货300个，而且要求马上签约。

当买家抛出了他们的要求之后，我们可以沉默一段时间，而不是马上应对。因为买家此时特别急切地想要知道我们对他们所提要求的看法，若我们沉默不语，那就会加深他们的紧张和恐惧。若我们在沉默时，还做出了认真思考的表情，那么我们的回答无论是什么，通常都会被认为是可信的。而且他们也乐于尽快接受这个答案或条件，以感谢我们消除了他们的紧张感。

因此，当刺探对方底牌时，我们可以请对方出个合适的价格，然后保持沉默。这是一个艰难的时刻，对一位性格外向的人来说简直就是煎熬。此时，先开口的一方就是让步的一方，谁更有耐心，谁就能获胜。如果我们能让对方失态、崩溃，那么看似没有结果的交易也有可能柳暗花明。

一次，美国某著名的谈判专家代表一家电影公司与某保险公司交涉赔偿事宜。

保险公司的理赔员率先表明了态度："先生，我知道你是谈判专家，一向都针对巨额款项谈判，但我恐怕无法承受你的要价。我们公司打算出2万元赔偿款，你觉得如何呢？"对面，谈判专家表情严肃地沉默着。

理赔员等了好一会儿，果然沉不住气了："我再加一点，2.5万元如何呢？"又是一阵沉默。

"那3.5万元如何呢？"谈判专家"思考了"一会儿，答道："3.5万元？嗯……电影公司可能接受不了啊。"

理赔员显得有些不安了："好吧，再加1万，4.5万元。"又是一阵难耐的沉默，谈判专家说道："嗯，我不知道。"理赔员痛心疾首，咬牙说道："那就5万吧。"

……

最后，这件理赔案以8万元达成协议。而其实，电影公司原本只是希望能够拿到5万元的赔偿金。保险公司在谈判专家的沉默策略中，顶不住压力，节节败退，自动提到了8万元。

在报价阶段，适当运用沉默可以缩小双方要求的差距。但是，此时应耐心等待，宁可咬破嘴唇也不能开口。只有耐心等待，才能使对方失去冷静，形成压力。与此同时，我们也要配以适当的表情，比如面无表情的沉默、认真思考、故作委屈等。如果还有其他谈判的同伴，最好事先通气，统一好自己这一方的态度。

需要注意的是，运用沉默策略应该审时度势。还价中如果我们沉默，对方会以为我们默认，这时可以摇头，或表示坚决不同意。有时沉默时间过短，也会让对方产生一种错觉——你是慑服于他的恐吓，这样反而增添了对方的强势。

手中的牌是好是坏并不会完全决定最后的胜负，关键要看谈判者的技巧和智慧。在还没弄清对方的意图前，我们不要轻易地表态。运用沉默策略，既能最大限度掩饰自己的底牌，又能迫使对方让步，可谓一举两得。

第五章 —— Chapter 5

妥协的艺术：
该争则争，该让则让

不要急着用让步来促成生意

谈生意，可以说，是双方不断让步，最终达到利益交换的一个过程。有时候，一个小小的让步都可能改变整个商业战略部署。所以，该不该让、何时让、怎么让等都是需要商人们慎重考虑的问题。

一些生意人为了表达自己的善意，尽快促成合作，总是会在没有任何要求的情况下做出大幅度的让步，并自以为这样会感动对方，让谈判简单有效。事实恰恰相反。若一方没有任何要求就主动让步，对方会更加强势，甚至还会暗示我们做出更大让步。

某款电子设备报价900元，规定可降到820元成交，因此谈判空间是80元。但是，一位新手业务员为了求成，一开始就把所有空间全部让出去了，客户以为他虚报价格，继续步步紧逼，要求他再让100元，结果谈判破裂。所以，不要过早地让步。

让步是一门学问。我们要在谈生意的恰当时机做出适当让步，使让步的作用发挥到最大、所起到的效果达到最佳。所谓"恰当时机"是指破除无谓的僵局，或有更大的利益可追求，或谈判进度需要的时候，等等。

不过，在谈生意的实际过程中，时机是非常难以把握的，需要我们根据情况判定对方的真实意图再去决定是否要做出让步。如果对方确实怀有诚意，的确无法接受自己的条件，这时才是让步的时候。如果摸不清对方的底细，可以慢慢让步，并且带点勉强的样子。双方谈判已经到了最后阶段，如果双方都不让步，生意无法达成，这时是让步时机最成熟的时候。

每一次让步都必须坚持一项原则——没有回报，绝不让步。我们每一次让步的幅度都不能过大，要让对方意识到我们的每一次让步都是艰难的；之后的每一次让步幅度都要递减，并且要求买方在其他方面给予回报；最后的让步，我们要表现出异常的艰难，引导买方顺着我们的思路进行谈判，最终促成交易。

如何在让步的同时提出要对方给予回报呢？一个好办法就是，用试探性语言——"如果"。在让步之前，我们要做假设性提议，它既不会让我们受到任何约束，还能帮我们识别哪些是客户在意的事情。举例来说，"如果我们把价格下降3%，您能立马跟我们签约吗？""如果我们选择现金支付，能否立即出货呢？"每次让步都需要对方用一定的条件交换，这样的让步才是有效的。

某弱势品牌的机械厂家代表与北京某知名超市进行进店洽谈。

当时，谈判非常艰难，超市方面的要求十分苛刻，尤其是60天回款账期实在让厂家难以接受。因此谈判陷入僵局。

某天，超市采购经理打电话给厂家代表，希望厂家能在还没签合同的情况下，先提供一套现场制作的设备，以吸引消费者。虽然厂家代表能够轻易完成这个要求，但是他没有当即答应，而是这么对超市采购经理说"我会和公司尽力协调此事，但是您能不能给我一个正常的货账账期呢？"超市采购经理见此，决定让步，最终厂家代表获得了一个平等的合同。

注意：我们每一阶段的每个妥协都要获得相应的价值。比如，一场生意谈判中，你在价格上让步，希望对方能缩短结账期限，但是客户却让的是自行提货，这根本就是不等值的。所以，在做出某方面让步的时候，一定要事先明确对方应该给予什么回报。假如对方不能提供这项有价值的回报，那么我们这一步也不能让。

  过早的让步往往让我们后悔；该让步时不让步，易使谈判破裂；让步太多太快，我们的利益会受损。所以，把握好让步时机，事先做好让步的计划，该让则让，那么我们的每一次妥协都是一次有收益的进攻。

欲擒故纵，让对手让步

所谓欲擒故纵，是说为了要捉住对方，先故意放开它，趁其不加戒备，然后再一举擒获。它是一种放长线钓大鱼的计谋。在谈生意时，谁都渴望对方先让出一步。若运用此策略，我们就能让对方率先地、主动地让步了。

欲擒故纵适用的一个条件是我方拥有一定的主动权。在谈判中，如果我方需求紧张或急于达成交易，让步的余地很小，难以通过让步来"纵"。相反，若是我们有较多的主动权，不急于求成，或者有非实质利益可以用于让步，那就可以实施了。

一般来说，若对方一开始就对我们的产品感兴趣，并基本持肯定、欣赏的态度，那我们就有了一定的主动权。此时，大部分生意人可能会滔滔不绝地向对方介绍产品的详细特点、性能、便宜、质量好、售后服务有保障等，但经验丰富者可能就会"放纵"客户，等着客户向自己了解产品的细节，等着客户主动提出合作。

所以，实行欲擒故纵策略时，我们要有意先让对方看到交易所能给他带来的丰厚利润，让产品抓住对方的心，煽动对方渴望成交的心理。另外要表示自己对成交的淡漠态度，从而迫使对方为了达成协议而主动让步。

美国谈判代表杰克带团到东京，同日商洽谈本公司生产的靛蓝粉的销售协议。

谈判进程中，杰克守住每吨12000美元的报价，半点也不肯让步。无论日商怎样说服，杰克换提法、换角度，都是原来的价格。因此，日商决定中止谈判，采用拖延战术。

杰克明白自己归期将至，若没谈成，回去不能交差。但是，他表面上装作若无其事，因为这批靛蓝粉是日商急需的原料，对方必定要签订协议，他对此心里有把握。

谈判的最后一天，日商还是不让步，杰克最后说："在日本生意不好做，明天我们飞往香港，那里靛蓝粉抢手得很。"当晚，日商沉不住气，希望再谈，杰克此时亮出底牌："我们公司愿意与贵公司合作。这样吧，每吨10800美元！"这家公司当即签订了近40万美元的订货合同。而且，就在第二天，飞机起飞前半小时，另一家公司也签订了76万美元的合同。

"王总，我觉得我们合作项目没问题，这个钱到底出多少，我也不介意，但我现在手头有两三个项目等着我考虑，这个项目对我来说可有可无。""李经理，这样吧，你可以拿回去跟贵公司领导商量一下，考虑一下这个价格是否可以。反正没有利润的项目，我想我们不会做。"这些话不仅向对方表现出"志在必得"的态度，而且摆出客观事实，表现出"成交与否对我影响不大"的冷淡，这反而能使对方担心不能成交，从而激起对方成交的欲望，降低其谈判的筹码。

使用欲擒故纵术，时机和适度很重要。它本质上是为了进攻，却制造守势来软化和麻痹对方。因此，在谈判时施展它，前期要精心布置，保持淡定随和，不露痕迹，将对方一步步诱入自己这一方的"陷阱"。

古稀之年的商人史璜先生曾到银行贷一笔巨款。他找来会计师霍夫曼替他安排与银行代表魏德曼先生在星期五下午四点半见面。

见面时，史璜先生正巧知道魏德曼先生的两大嗜好——网球和歌剧。

于是，他谈到了自己曾经参加温布尔登网球大赛第一回合的比赛，之后又说瓦格纳40周年歌剧纪念大会的精彩节目。

银行下班的钟声响了。一向准时下班的魏德曼先生开始紧张，他希望自己今天就能和史璜先生达成协议，这样下周一就可以呈报给上级看了。但是，史璜先生若无其事地等着。一会儿，他站起来，说这次谈话很愉快，不过自己有事要走了。

两人走到电梯前，魏德曼忍不住了，他问："史璜先生，您不是来谈抵押贷款的事吗？"史璜先生却表现得很"疑惑"，问身后的会计："霍夫曼，你要我来，是来谈贷款的事吗？"此话一出，好像整件事都是霍夫曼提出来的。

既然开了口，魏德曼就得自己提贷款的条件，他想了一下："利率为6.18%。"当时，银行贷款的利率是7%，这条件可以说好得不得了！

后来，史璜的儿子回忆道："那回的交易会成功，实在是因为我父亲把这个心不在焉的老头子角色演得太精彩的缘故吧！"

欲擒故纵策略可能不会立即达到效果，因为从"纵"开始到"擒"的时机成熟可能需要比较长的时间。我们应该有耐心，紧随勿迫，时刻观察对方的变化，为自己的进攻蓄力。若是没忍住，可能会让即将进入"陷阱"的客户识破。

为了避免客户或者谈判对手用这一策略来让我们让步，我们要做的就是在之前不要投入太多，不要表现出太多期待。商务谈判有这么一条法则——谁投入得越多，谁就越急于成交。同样地，谁在谈判中期望越高，谁就越怕谈判破裂。所以，当我们想谈成生意时，即使非常满意，也不能急于表现出内心的真实想法。比如，看中一套非常想买的房子，但是在房地产中介催着交付定金的时候，我们可以告诉对方自己同时看中了另外一套更加实惠一点的房子,务必请对方容许自己再考虑考虑。这么做,就是暗示对方在价格上做出一点让步。

谈生意时,双方为了争取利益谁都不愿意让步。那么在适当的时候运用欲擒故纵的方法,就能激发客户的好奇心,让客户急于与我们达成交易,并率先做出让步。

"你再加点，生意就成交"

在谈生意的过程中，我们常听到这样的话："你再加一点，生意就成交了。"这一点真的这么重要吗？想一下，如果客户能够加价1元，那么一批货物我们可能多赚1万元。这难道不值得我们坚持一下，多让对方加一下价吗？

在商场，顾客与服装店老板谈价破裂，顾客佯装要走。此时，老板不会马上拉客人回来，否则他会陷入被动。所以，老板会自信地告诉顾客，按刚才的价格，走到哪里都买不到。顾客若真想买，反而会停下来，这时，老板稍微让步就能成交。若顾客离去，走到五步左右，老板反而会软下来，改口："唉，回来回来，你再加一点钱，我们就成交。"其实，不加这一点，他也是赚。

在商务谈判中，客户要还价，会对我们说："如果你们把价格降到每千克12元，我们就订一批。"那么，我们就可以平静地回答："对不起，你们还是出个更合适的价格吧。"然后，我们要清楚自己下一步要干什么，那就是"闭嘴"，保持一个一言不发的状态。我们的这种神情很可能就会让客户做出让步。

注意：运用"你再加点，生意就成交"不成功的一个关键就是，在没有等客户发表意见之前就轻易地表态，结果丧失了主动权。

刘先生非常急切地想从房地产经纪人那里购买一处房产。

谈判时，房地产经纪人占据优势，所以他决定先下手，于是开出自己的价格之后就不再说话了。刘先生明白自己处于不利地位，但他不会坐以待毙，而是决定也用沉默政策。两个人都彼此在心里思考着，僵持着，都想让对方先说。

沉默的5分钟，如同一个小时一样长。刘先生想打破僵局，于是在便签上潦草地写了"决定"两个字递给对方，但是他故意将"决定"的"定"写成了"宁"。房地产经纪人一看，果真没沉住气，说："你写错了一个字。"结果一开口就收不住了，他接着道："如果你不愿意接受我的价格，我愿意再降5000元。但一分钱也不能再多了。"结果，客户获得主动权。

另外，在谈生意时，如果你对一个客户做出了2000元的让步，你是做1万元的买卖，还是做100万元的买卖，都没有关系。你让出的价钱仍然是2000元。你应该想的是："在谈判桌中间放着2000元，我愿意花多少时间，看看我能得到多少？"有时候只需要你沉默一下，那么钱可能就会收入你的囊中。

如果客户对我们使用这种策略，那么我们应该这样回答："那多少更合适呢？"这意在把客户挤到一个具体的位置，除非就对方的一个具体的还价表态，否则你永远不能对客户做出让步。

总之，讨价还价的时候，千万不要小看这一点点的力量，它将在销售过程中起着决定性的作用。对客户来说，你的这一"点"，就能够促成客户的转变。

随时准备说"不",以掌握主动权

大部分人认为"YES"满足了人们的请求,达成了交易,是个最棒的词。而"NO"是最糟糕的词,因为它意味着拒绝和对抗,扼杀了交易。但是,在谈判中,事实并非如此。著名的谈判大师吉姆·坎普认为,"YES"暴露了我们害怕失去交易,使得我们过早妥协,甚至不划算也成交,而"NO"则释放了我们的压力,并为我们罩上了保护衣。

所以,当掌握了说"不",我们会很快发现自己的谈判条件水涨船高,获得了主动权和优势。

著名的谈判大师哈维·麦凯多年前曾充当过美式橄榄球运动员I.C.安得的免费经纪人。当时,加拿大足球联盟的多伦多冒险者队和国家橄榄球联盟的巴尔的摩小马队都在争取I.C.安得。

为了替I.C.安得争取到最好的待遇,麦凯先生得在两位极有钱、极好胜、极精明的老板间——多伦多队的巴赛特和巴尔的摩队的罗森本路姆之间做出选择。于是,麦凯先生决定通知罗森布伦,自己要先和多伦多队的巴赛特谈谈。

巴赛特出了一个吸引人的价码,但麦凯先生凭直觉告诉自己:快走,快离开此地,到罗森布伦那里去。于是,他告诉巴赛特:"您开价这么高,我们一定会谨慎考虑再跟您联系的。"精明的巴赛特自然明白他的算计,冷笑道:"我开的价码只有在这房间里谈妥才算数,你一离开这房间,我就立刻打电话给巴尔的摩的罗森布伦先生,告诉他我对这个球员已经没有兴趣了。"

无奈之下,麦凯先生只得要求在隔壁房间和 I.C. 安得商量。其实他是在考虑怎么逃脱,因为他已经意识到巴赛特之所以希望 I.C. 安得赶紧签约,只有一个原因,他准知道罗森布伦提出的条件比他要好。

麦凯先生用处理劳工问题作为离开的借口,但被巴赛特精明识破,因此麦凯严正地对巴赛特先生说:"我想您也别麻烦打电话到巴尔的摩去了,这桩生意我们不做了。"

球员安得觉得麦凯在拿自己的前途开玩笑,气得要疯了。但是,次日,他们到了巴尔的摩,和罗森布伦签约,条件确实比巴赛特那边要好。

急于成交的渴望具有危险性,冲动会让我们做出无谓的让步,或者失去本应得到的利益。说"不"字向众人传达着一种不急于求成、不愿冲动说"是"的态度,这能为我们良好的决策铺平道路。因此,当卖方总在暗示你当机立断,现在就买时,千万要忍住;当对方搬出"您的许多同行都在用我们的产品",鼓动我们下决心时,千万不要上当。如果我们不为所动,勇敢说几个"不"字,那么对方就会想办法让步,并且可能一让再让。

当我们处于被动处境时,说"不"并不一定会使谈判破裂或者彻底失败,恰恰可能使我们掌握主动权。

蓝天、裕兴、宏图三家中小型公司竞争大企业飞宇集团的一项业务合作计划。在谈判时,飞宇集团运用谈判手腕,提出苛刻要求,使得三家公司一再降价,在合作条件上一再退让。

此时,飞宇集团心目中的最佳选择——蓝天公司厌烦了这种降价游戏,决定改变现状。于是,该公司向飞宇集团说出了"不",表示"它将不再参与任何降价谈判"。

此话一出，飞宇集团发现自己突然处于不利地位，因为一些棘手问题即将出现，比如可能无法选择此计划的最佳合作对象；其他两家公司可能会跟蓝天公司一起退出；自己再也不能施压让三家公司降价了……

结果呢？飞宇集团开始私下里透露一些信息给蓝天，并适度放宽了条件，最终蓝天中选。

谈判中说"不"，往往不等于全盘否定。一般只是否定了对方的进一步要求，却蕴含着对以前报价或让步的承诺。因此，虽然"不"拒绝某些东西，但是我们还会有在其他方面讨价还价的余地。

注意：当对方提出的要求或观点与自己相反或相差太远时，我们需要拒绝、否定，但说"不"时，不能板起脸来，态度生硬。如果能够选择恰当的语言、恰当的方式、恰当的时机，而且留有余地，巧妙地说"不"，结果就更令人满意。

有的谈判者面对老客户、老熟人该拒绝的地方不拒绝，怕对方面子上下不来。这是不对的。不拒绝这些你无法兑现的要求或条件，那就意味着你马上要失信于对方，生意照样可能因失信而不成。

另外，我们不仅要自己懂得说"不"，也应该欢迎对手说"不"。试想一下，若是对手说"也许怎样怎样"，那我们就得去猜他心里在想什么，怀疑他的目的。但是，如果客户说了"不"，那我们就能明确知道对方的要求和目的，然后根据这些拒绝来拆招，最终达成生意。

总之，说"不"会让我们具有力量。不管谈什么生意，说"不"是举止成熟的表现，能让我们保持理性，拥有主动权，从而做出最好的选择。

避免对抗性谈判

当生意交谈变成了双方对彼此的反驳、对抗和威胁时，对抗性谈判情况出现了。此时，双方都坚持己见，希望对方改变。这种僵局不但伤害双方的感情，而且可能导致谈判的破裂。

如何才能避免和应对这种对抗性谈判呢？

很多商务谈判中，律师们出场后总是咄咄逼人，一开始就批驳，然后是威胁。一些强硬派的谈判者也常常如此。要知道，任何人都不希望自己的观点被他人反驳。若是我们直接反驳谈判对手，对方也自然会奋起捍卫自己的立场而展开辩论，最终谈判会转变成对抗性谈判。

一开始就剑拔弩张，是不会为一场双赢的谈判开好头的。因此，在谈判刚开始，我们不应该咄咄逼人，即便不同意对方的说法，也千万不要立刻反驳。我们与对方谈判是为了做成一笔生意，赚到一笔钱，而不是为了得到辩论大赛的奖牌。若是我们能在开始阶段就营造出一种和谐的谈判氛围，这对接下来的谈判是绝对有益的。

当进入谈判中期之后，讨论的问题将变得越来越明确，这时我们一定要谨慎避免对抗性谈判。若对方总是反驳、威胁，我们要是还想继续谈生意，就切不可针尖对麦芒地与之辩论。不妨先放一放，让双方暂时冷静一下。

如果这样还不行，那么就使用先肯定对方，再柔和提出反对的方法。比如，你希望能和谈判对手约个时间好好谈一谈，可对方说："我不想和一个满嘴谎话的人浪费时间！"这时，你可以平静地告诉对方："我非常清楚你的想法。许多人也都有着和你一样的想法。可……"这样说，可以淡化对方的竞争心态，而且，说过这些，你会发现自己已经恢复了镇定，也知道接下来该怎么做了。

在谈生意时，我们经常会面临客户指责价格太高的情况。此时若我们和他争辩，那对方很有可能拿出切身体验告诉我们他是对的。可是，如果我们耐心地跟客户说："您说得对，我完全理解您的感受，很多人第一次听到这个价格都这么想。可是，您仔细分析一下我们的产品质量和服务，您会发现以当前的市场情况来看，我们的性价比是很高的。"

这种先肯定、再否定安抚的说话方式，既维护了客户的自尊心和面子，也说服了对方。记住，不论对方说出何种条件，报出何种价格，我们首先做的动作是微笑。微笑的表情可以向对方传达一种信息——"我不会与你对抗"。这能让对手放松警惕，之后我们利用其他"感受""发现"等方式表达自己的意见，会事半功倍。

如果，我们能把非赢即输的对抗性谈判转变成双赢的合作性谈判，是最好不过的了。所以，在谈判时，不要说"我想跟你谈谈我的需求"，而可以说"我建议我们一起来找出解决的方法"，或者直言"我们是来促成合作的，这是我们的共识。现在我们停下争辩，看看我们已经达成了哪些协议，还有哪些还有异议，需要继续协商。或许，我们可以先谈其他问题"。

在谈判最后避免对抗性谈判从而赢得圆满的一招，是最后时刻做出一点小让步。尽管这种让步可能微乎其微，例如交货期提前一周，或是免费提供设备操作培训，但这招还是很灵验的，因为此时此刻正是让步的最佳时机。可能在之前你发誓说价格不上调一些就不能成交，但此时，你可以不失礼貌地告诉对方："为了脱离这种僵局，我愿意做出最后的让步，接受这个价格，同时希望你们能在其他方面给予一些优惠。"相信此时，对手也会乐意的。

总而言之，避免造成双方对峙的局面，谈判才有出路。突破对抗性谈判的困局，我们应该摆脱对抗性情绪，用冷静的态度来面对，用首先同意、再适时反对的方法解除对手的竞争心态，从而把谈判变成合作性博弈。

守住底线，绝不动摇

在谈判中，你能守住底线吗？这个问题，重要到在谈判前我们要扪心自问，谈判中要实时监控，谈判后要回顾检查。

底线是双方讨价还价时心理上可以承受或能够认可阈值的下限。谈每一笔生意之前，我们都要确定好自己的利益底线，并在谈生意过程中坚守它。如若不然，谈判结束后我们只能后悔："我怎么会同意这样的协议？卖就亏本，不卖又不行。"

一般来说，底线被击穿，常常是因为我们在谈生意时急于求成，让步的幅度和速度没有掌握好，将价格一下子降到了底线。没有了降价的空间，生意一下子就陷入了被动。

业务员寇阳没有完成上个月的销售任务，若是这个月还不能完成，那他就会被公司降级。由于这个原因，他在与客户徐总的谈判中，为了促成生意，让步较大。

寇阳说："徐总，我在报价的基础上再给贵公司降10%怎么样？"

看出寇阳有些心急，徐总却不慌不忙地说道："我们再考虑考虑吧，你们的价格还是太高。"

寇阳想了一会儿，下决心说："那好吧，我们再降5个点，这是最低价了！"

徐总还是表示需要回去开会商量。

一个星期后，寇阳再次拜访徐总，却得知只有再降5个点，对方才会购买自己公司的产品。但是，因为上周他的开价已经是底价，根本没有办法再让了。徐总不听，说道："寇阳，你可有点不实在，你的对手可又给我降了5个点，你看着办吧！"

寇阳很无奈，但他不能为了促成这笔生意而攻破底线，只能失去这位客户。

精明的买家往往不会认为我们会将价格一次让到底，他们总是试图让我们不断让步。因此，就算在意生意，面对压力时，我们也不要没几下就降到底线。坚守了底线，才能拥有利益。

不少年轻的或者没有经验的谈判者，由于惧怕对手说"不"，所以总是会主动更改自己的条件，结果输掉了谈判。因此，有些时候，面对客户的异议和压力，我们要学会巧妙的沉默。这可以隐藏自己的底线或底牌，让对方来接招，来想办法达成这笔交易。

有时，我们之所以能被击破底线，是因为对手打的是"感情牌"，他总是一副为我们着想的样子，然后将我们引离自己的最低目标。比如，我们本来到车市上买一辆二手车，但是，导购员总是会引诱我们去买一辆新车，因为他能从中得到更高的提成。他可能会用激将法，说："如您这般有品位的人，若是开着一辆款式过时的汽车，这多损害您的形象啊！"若是我们听了这些"好听话"买新车，放弃了自己的购车底线，那我们必须支付多出来的几十万元车款，生活甚至可能被打乱。所以，不要被对方的好心骗得动摇了。

坚守底线的一个办法是设定最高目标与最低目标。不少生意人在谈判陷入僵局或者双方死缠烂打时，总是会怀疑自己定的目标过高，并进行调整。但是，这个新的最低目标是否是事先设定的呢？如果事先没有明确自己所要维护的利益的最低防线，那么在谈判中就很有可能让步过头，使自己的根本利益受损。

比如，在进行国际贸易时，许多的企业都是在没有事先决定自己的底线的情况下进行谈判的。面对对手的不依不饶，大部分人逐渐厌倦这种谈判的过程，最后就会有这样的想法："即使有些吃亏，只要能够达成协议就好。赶快结束这种不愉快的谈判吧！""赶快离开会议室，去吃些好吃的吧！""好累呀。我已经有一种完全接受对手要求的冲动了。"在这样的情绪下，很多人都会做出让自己吃亏、后悔的决定。

谈判时，常有人提出"五五对半折中"的方案，即高的降低，低的升高，在差距的中点会合，以结束价格纠缠。表面上看，这种方案很公平，双方各让一半。但是，事实上因为双方情况不同，最初出价也不一定相同，折中价自然也不一定都公平。因此，在接受对方折中方案之前，一定要看折中对我们是否有利，是否在底线内，核心利益是否受到损害。

注意：坚持底线并不是顽固保守，而是要在坚持基本原则和争取实现既定目标的前提下寻求到一个能与对方获得双赢的办法。如果即将达到自身底线，那么在谈判时，我们要暂时离开，冷静一下，确定自己的底线。

在谈生意过程中，我们做出的任何妥协都不应超过一定的利益底线，即便面对压力，也不要轻易改变谈判底线。当和对手最大限度地达成共识、减少差距之后，这笔生意的谈判成功也就很快会得到实现了。

第六章 —— Chapter 6

谈生意的禁忌之言，
打死也不说

在刚认识的客户面前，不可说夸大不实的话

在刚认识的客户面前，不要说夸大不实的话，否则客户就会觉得我们肤浅。

乔·吉拉德曾说："我卖的不是车，而是乔·吉拉德。"当我们还没有让自己获得客户的好感时，客户怎么会选择我们的产品呢？现在，不少生意人为了取得客户的信任，告诉客户"我人品好""我值得信任""我从不骗客户"等。要知道，这世上道貌岸然的商业骗子多了去了，我们又怎么能仅凭这样的话就让对方相信自己？当一个我们对之有戒心的人在我们面前自夸时，我们的第一反应会是"这是真的吗？"同样，这样的自夸，只能让客户产生更多怀疑。

如果你觉得真的有必要通过某种方式证明自己，一个方法是选择一个事例，说说当时你的做法，但不要自己妄下"聪明""可信"等评语。当然，要说明自己的人品好，最好的办法是让你的人品在行动中凸显出来，让客户自己感受到你的真诚可信。

生意人最常夸大的就是自己产品的功能。不少人可能看过购物频道的广告，一些人能把一款平凡的手机说成"镶金带银""万能""神奇"的手机。这种虚假的广告一听就让人下意识拒绝购买。此外，生意人常常是"有一说十"，比如"这茶喝了立马能瘦身减肥""我们的产品质量是世界第一，外国都来进货"等。某顾客到洁具市场买卫浴产品，很多商家都贴着"节水"的宣传标语，顾客一问产品，店家就开始对自己的产品自卖自夸，什

么质量好、安全、非常节水等。但是当顾客问国家对这类产品的节水技术指标的要求时，店家就支支吾吾或者转移话题。

杭州的成先生前年到某银行网点办储蓄业务。但是，业务代表缠着成先生，向他推荐一款产品，说这款保险产品收益率会很高，且保障全面，什么都能保，有什么意外伤害都不怕。几经劝说下，成先生把本想储蓄的钱买了3份保险产品。

近期，成先生遇上意外摔伤。当他去理赔时才发现，自己所购买的理财产品只有在重度残疾和死亡的条件下才能得到赔付。

还有一种不诚实是夸大不实的负面效果。一些做装潢或建材的生意人为了让客户购买自己的高价产品，常反反复复夸大装修污染。他们讲的都是甲醛等释放物致癌的例子，什么"新婚夫妻住进新装修不久的房子里就得了癌症"，什么"孕妇因为装修污染导致胎儿早产"，或者"因甲醛超标某家一家人都得了癌症"……客户一听就知道商家的目的，非但不会买，而且会觉得商家功利虚伪。

对产品有信心，适度地称赞一下产品的质量或服务的好处是可以的。但是，任何一个产品，都存在着好的一面和不足的一面。我们要想生意成功，应站在客观的角度，清晰地与客户分析产品的优点与缺点，有一说一，有二说二，帮助客户"货比三家"，让客户心服口服地接受我们的产品。千万不要以为我们的夸大之词说说无妨，客户在日后享用产品中，终究会清楚我们所说的话是真是假，那等同于断了生意的后路。而且夸大产品的功能和价值，势必会埋下一颗"定时炸弹"，一旦产生纠纷，后果将不堪设想。做生意是要讲诚信和良心的，是真心为客户提供其需要的产品。

有一位医生，多年来一直使用某家药厂的产品。突然有一天，他完全不再使用该药厂研制的产品了。为什么？因为有一位推销员到他的诊所推销一瓶药丸说："这个是你所有气喘病人的答案。"

医生很生气地说："他还真有胆量对着我说这种瞎话，我的一些病人已使用过，根本就没有那么神奇。"

有人问医生："是不是真的完全都无效？"

医生说："就解除症状而言，它有一定的功效，但气喘是无法根治的，有太多因素会使气喘发作。为什么他要过度吹嘘？如果推销员说'根据大规模的、并且在病人不知情的情况下所做的实验显示，这种药物对80%的气喘患者都能有效减轻症状'，那么我还能接受该产品。"

还有不少生意人爱夸大自己的公司。虽然这显示了他对公司的热爱和忠诚，但是在刚认识的客户面前，夸夸其谈公司有无与伦比的成就，那就有些骄傲自大、涵养不足了。也许今天我们见到的是一家小公司的老板，可说不定明天他就是大企业的领导者。所以，谦虚谨慎地说话是没有错的，这能表达尊重，赢得好感。

为一点蝇头小利而夸大其词，欺骗他人，当时看着是赚了，其实从长远看是亏了，因为它会致使你的事业无法长久。所以，任何的欺骗和夸大其词的谎言是谈生意的天敌，而谦虚才是明智的选择。一个优秀的生意人应该用诚信的态度和恳切的话语去与客户打交道。

不说批评性话语

人人都希望得到别人的尊重和肯定，所以人人都喜欢听好话。若是我们见到客户说些批评、嘲讽的难听话，那客户对我们的印象一定大打折扣。因此，与客户说话时要注意技巧，我们不要说批评性话语，多用委婉劝导的话，多些真诚的赞美话。

去拜访客户时，不少生意人见了客户不知道怎么开场，就不经思考地说："你们小区的卫生挺糟糕的。""您家的茶叶不如我上午拜访的客户家的好喝。""您最近有点胖啊！"虽然说话者可能没有指责批评的意思，但是这在客户听来就是抱怨指责，就会感觉不舒服。这样，谈生意的氛围就不和谐了。

做生意是人与人交往沟通的过程。在这个过程中肯定有误会、冲突和矛盾，但是在处理问题时，无论如何都要尊重客户的人格。与客户有冲突，应该通过正确的沟通来化解，而不是指责客户，否则订单一定会飞走。

蒋烨是做外贸的，经常遇到客户急着要样品，可是样品一发就毫无消息的情况。他原本对这样的事情习以为常了，认为只要多跟踪一下就好了。

上周，蒋烨给一位美国客户发了样品，还提供了照片，觉得自己极有可能签下这笔40多万的订单。但是，客户收到样品都好几天了，还是没有一点音信。所以，蒋烨就给客户打了电话，自报家门后询问是否对样品满意。

谁知，客户在电话里大吼，意思是说有消息会再联系，不要烦他之类的。而且，还没等蒋烨反应过来，对方就"啪"的一声把电话挂了。

蒋烨心里的火压不下去，就给客户发了一封言辞犀利的邮件，说自己是一片好意，询问样品的事情，而对方太无礼，让人难以忍受。客户很快给了回复，解释说自己接电话时正有急事，并非故意，且之前未联系是因为现在正在等待他们客户的回复。

蒋烨弄懂了事情原委，但是他知道这个订单不会有了。他责备自己为什么不再忍耐一下，为什么不换种方式询问。

我们不是完人，客户也不是，谁都有情绪不佳的时候，都有做错事的时候。所以我们不要站在自己的角度上，过于主观地去批评客户。批评的结果是既无法提高自己的身价，更对公司有大的损害。客户是我们的上帝和朋友，我们不应该对他更宽容一点吗？想通这一点，我们就不会再抱怨、批评客户了。只要我们理解、宽待了客户的大部分行为，那么沟通就变得容易多了。退一步说，买卖不成仁义在，何苦伤了感情又损了生意呢？

即便客户有错，批评性的话语也会让客户从内心有愧变成不耐烦，甚至产生逆反心理，索性破罐子破摔。

烟草公司的客户管理经理刘缙云去拜访零售商客户，发现一位姜姓商户还是如几个月前一样违规售卖假烟。

刘缙云当下就发火，指着姜老板道："告诉你几遍了，不要卖这种烟，你依旧要卖，信不信，我把你的星级降了？"姜老板辩解是因为烟草货源不足。

刘经理一听，大吼道："货源不足，你也不能这样子呀！有问题，你可以找我商量。再说，合理经营，没有任何借口，你不要老拿货源的问题做违规的借口。"姜老板也火了，摔了手边的杯子，喊："我就是要卖，你有本事来抓我呀！"

并不是所有的过错都能通过批评来解决和纠正。不管是偶发性的问题，还是频发性的问题，都应该通过委婉的话语引导客户去解决和纠正。如果只是言辞激烈的批评，就会出现超限效应，于事无补。若是对客户客客气气，对客户尊重一些，那客户怎么会敌视我们呢？

还有一点，就是不要在客户面前说竞争对手的坏话。如果你这样说话，就会让客户觉得你是个没有自信、不值得信赖的人，从而导致整个公司形象在客户心里有所下降。

世界著名销售大师原一平说："赞美是我销售成功的法宝。"多说赞美的话，有助于调节和客户的关系，获得客户的好感。比如，赞美客户身体好，精神好，事业顺利，或者精明能干等，都是不错的选择。不过一位客户曾说："这些卖保险的，说话都是一套一套的，满嘴的油腔滑调，嘴巴甜得要命，可这不是真的，都是培训出来的。"所以，赞美一定要实事求是，发自真心，不能不着边际地瞎赞。抓住这个技巧说赞美的话，不卑不亢，自然表达，更能获得人心，让人信服。

"赞美与鼓励让白痴变天才，批评与抱怨让天才变白痴。"生意人整天谈生意其实就是与人打交道，赞美的话语应适量多说，批评的话语要尽量不说。

不要用反问的语调和客户谈业务

反问，在辩论赛上能展示个人的智慧，但是它运用到其他方面可能不会有好的效果。尤其是在谈生意时，反问的语调让客户反感，常使得生意谈不成。可以说，反问是谈生意中的一大忌。

用反问虽然可以使感情表现得更为鲜明，但是，无论什么感情，一用反问就会带有对某方面的谴责与质问。比如，在介绍产品过程中，业务员问："这么简单的问题，你了解吗？"这似乎是以长者或老师的口吻质疑客户，好像在说"这么简单的问题都听不懂"。客户听完产品介绍后默不作声，业务员问："难道我们的产品不够好吗？"这句话暗含着一种谴责——"客户不识货，不知道我们的产品好"。质疑客户的理解力，谴责客户的能力，这自然会让客户感觉得不到起码的尊重，产生不满和厌恶的情绪。

萧岚走在街上，看见一家宠物店里有一只漂亮的大型阿拉斯加雪橇犬，忍不住进店咨询，想买它。

萧岚问店主何海："这狗能长得很大吗？"

何海反问："雪橇犬长不大吗？"

萧岚又问："它一天能吃多少啊？"

何海回答："养了就知道了。"

萧岚问："我想养一只能长大的。这狗好教吗？"

何海反问："你会教吗？"

萧岚是个容易急躁的人，何海的话又不太中听，就有些负面情绪，说："宠物店的主人脾气都不好吗？"

何海反问："你什么意思？"

萧岚说："就这意思，这狗比你的脾气好多了。"

……

结果，不但生意没谈成，两个人还大吵了一架。

反问最不好的地方就是容易产生传达负面情绪的错觉。你说的话可能是在指鹿，听的人却以为是在说马。和人争吵时，人们常常用反问的话，因此造成了更多的误会，结果矛盾更大。一位生意人想找自己经商的父亲借钱，父亲问他借钱干吗。生意人反问："当然是有用才找你借了，不然问你干什么？"父亲听后，也反问："你的钱呢？"生意人再反问："当然是没了才找你借，有钱我还来问你？"父亲听后心情很不好，说不借。生意人赌气离开。试想，若他诚恳认真地回答借钱的原因，获得父亲的理解和支持，那问题不就迎刃而解了吗？同样的，要多正面回答客户的问题，而不要反问。

另外，如果实在担心准客户在我们很详细的讲解中还是不太明白，那我们可以用试探的口吻去寻问对方。比如："有没有需要我再详细说明的地方？""有没有哪些问题我说得不清楚您想再了解一下的？"这样做让客户更容易接受。说不定，他真的不明白时，还会主动地对我们说呢。

反问带有一种咄咄逼人的气势，绝不能在情绪不佳时用。有些生意人在面对客户的恶意问题时，总是给对方一连串的反问，就好像辩论赛的选手要把客户驳倒一样。可驳倒了客户，订单也丢了，对生意一点也无益。

我们难免遇到难缠的人，但是我们要留更多的机会让他去自省。当然，我们自己此时要冷静下来，然后微笑地告诉客户："我非常理解你的意见，你能否让我做更进一步的说明，一定会令你满意。""我非常明白您的感受，很多人刚开始都是如此的。不过，慢慢地他们就会发现产品的好处。"这样就不会让生意陷入对抗性谈判了。

　　反问只会造成词不达意，使气氛尴尬，让客户反感。因此，在谈生意时，我们应不用反问语调，少说质疑性话语，最好保持心态平和，多用正面的、积极的话语来获得客户的好感。

避谈使生意进入僵局的话题

所谓在商言商，与客户交谈时，有些话题，如政治、宗教等主观性议题，如年龄、薪水、婚姻状况等隐私问题，一般来说都是谈生意时的禁忌话题。一旦谈及，很有可能会招致对方的不快、反感甚至勃然大怒，使谈判陷入僵局。

每个人的思想、观点都不同，对政治、宗教、风俗文化等的看法也大相径庭。尤其是外国人，在政治体制、宗教信仰等方面与我们有较大差异，谈及此类话题很容易引起争执，难免伤了和气。

范林在一家运动器材生产公司做业务经理。生意难做时，正巧有家台湾高雄的企业联系到范林，希望采购一批滑板车。这笔200万的生意让范林和公司老板黄总非常重视。台商郑总也亲自从台湾飞过来谈判。

谈判总体比较顺利。中途休息时，黄总和郑总聊到了政治话题。不料，两人的政治理念相差很大，聊着聊着，他们竟然争论起来了。在场的人赶紧打圆场，扯开了话题。

作为开放性话题，大家都有自己的立场很正常，但是黄总的反驳让郑总很是恼火。郑总有抵触情绪，没有继续谈判，而是提前离开了。

事后，当范林再次联络郑总时，对方却准备回去了，说下次再来拜访，合作的事还要再看看。不久，这笔生意就不了了之了。

生意场上，一言一行，都至关重要。与谈判无关的事情，何必跟客户较真呢？可能我们觉得这样的事情是无伤大雅的，但是客户未必这么觉得。有些人虽基于礼貌并不会当场与你争论，但心中一定十分不舒服，可能你无意中得罪了人而不自知。

任何商务交往中，政治、宗教等话题都最好做到闭口不谈。而且，说笑话时，也应该避免宗教、政治性的笑话。这对我们的生意会有好处。如果客户主动谈起这些话题，我们也不应该随声附和。有经验的生意人起初会随着客户的观点一起展开一些议论，但会适时将话题引向推销的产品上来。

还有一些生意人，为了和客户套近乎，好开展业务，总是和客户谈婚姻、财务等隐私问题。这种"八卦式"的谈论是毫无意义的，客户会觉得我们在刺探他的隐私而会分外防备。

一次，保险业务员方云去拜访客户。客户站起身拿材料时，方云看到客户的办公桌上放着一些照片。于是，"自来熟"的她就很随意地靠过去，拿起一张指着其中的男士问："这是您的男朋友啊？"

客户一愣，赶忙把照片从方云手里拿回去，很冷淡地问："你还有什么事吗？"方云非常尴尬。

客户的是非和隐私都要回避，千万不可刨根问底。即便想通过客户做其亲友的生意，也要在没有刺探客户隐私嫌疑的前提下进行。一般来说，客户的婚姻和财务都是不能问及的，除非对方主动提起。此外，绝不能问女客户的年龄、体重，就算客户要我们猜，也要往小了说。在大龄未婚人面前，一般不要谈及家庭、小孩的话题。在残疾人面前，应少谈健美及运动等方面的话题，更不允许拿对方的缺陷开玩笑。

可能有人说："我谈的是自己的隐私问题，这不会伤害客户吧？"事实上，就算你只谈自己的隐私，但把隐私都说给客户，对我们的生意也没有实质性的意义，反而可能让客户觉得我们做人交浅言深，不可靠。

另外，令人压抑的事情，如凶杀、死亡、灾难、疾病等都不是好的话题。谈论这些事情，容易让人伤感，甚至心灰意冷、精神颓废。这对谈生意一点作用也没有，应该避免。尽量谈一些双方都感兴趣的，比如运动、爱好。如果不知道对方的兴趣和爱好，可以讲一些光明的、积极的、有趣的事情。但是要避免总是自己滔滔不绝，让对方毫无兴趣，投对方所好比较好。

总之，在商务交流过程中，由于政治信仰、风俗习惯等不同，有些话题在交谈中提及就会变得非常敏感，易引起反感，导致谈判出现僵局，因此不宜将其作为谈话的内容，应该予以避免。

不要轻易承诺，一经承诺就要守诺

不少生意人虽然能说会道，生意却不太好。他们有一个共同的缺点——轻易承诺，但不守诺。生意人最讲究的就是诚实信用，没有了诚信，无法得到客户信任，生意自然谈不下去。

生意场上，为了追求一时的销售额，促成一时的交易，有的生意人故意隐瞒产品缺陷，甚至不管产品是否适合客户，都花言巧语地劝说客户购买价格最高的产品。例如，"当然是这种价格最高的质量好了，实话说，其他那些低档次产品都是配合这种产品销售的……"

有的生意人瞄准客户需求谎报产品价格，客户看中哪件产品就把哪件产品的价格往高提，如"您的品位真高，您看中的这款套装做工最好，成本最高。"客户疑惑道："你刚才不是说我刚问的另一款套装进价最高吗？"……

有的人恶意攻击竞争对手，甚至攻击购买竞争对手产品或服务的客户。例如，"那全是因为他们的广告宣传做得好，实际并不怎么样，他们把广告费加在客户头上了。"甚至，还有一些企业和生意人故意以次充好，使客户蒙受严重损失。

所谓"销售你自己"，其实就是让客户信任你，接受你，对你有好感。承诺，可以让我们获得别人的好感，但是胡乱承诺可能会收到反效果。对一个客户的一次欺骗和伤害，就可能影响这个客户周围的一大片潜在客户，而且这种恶劣影响是很难通过其他手段来挽回的。

另一种胡乱承诺就是，根本不想可不可能实现，就答应"一定能办到"。不少生意人在拜访客户时，总能接到客户各种各样的需求信息，大都是在职责范围内能够做到，有的在现场就能答复。但是，有的则需要我们回到公司根据公司的情况再进行解决。这时候，我们不能为了让客户放心就拍胸脯说"我一定给您办好"，想一想要是客户的价格太低，要是公司现在的设备做不出这类产品怎么办？

某网站建设公司的业务员周露和某客户谈了一笔生意。客户信任她，说："若是你们公司能做，我也信任你，我愿意把原来的价格再加300元。"周露自然很高兴，对客户承诺："这单我一定做好，做不好不收钱。"

可是，当周露回到公司，公司的技术人员却告诉她，这订单里的某些功能做不了。周露立马就蔫儿了，她左右为难，不知道怎么跟客户解释，不解释的话，这样做下去最终也做不好，但是如果说了，客户介绍的其他生意也就没了。

生意从表面上看来是一种金钱与物质或服务的交易，但是从更深层次去理解，它是一种承诺。你承诺了，就要让别人满意，更要让自己满意。在不影响生意的前提下，我们不要做过多的承诺，同时要考虑自己的诺言是否符合公司的方针政策，不开空头支票。当我们无法确定对方的要求公司是否能够满足和达到时，千万不要对客户的要求做出承诺。一个可行的办法是认真记录客户的要求，待确定能够落实或者何时能够完成时，再与客户联络。

当然，为了不失去这单生意，我们可以这么说："我非常重视您的生意和需求。我也希望能够对您做出承诺。但我还需要和公司的技术部门或销售部门商量确定。这样吧，明天中午我给您电话和消息好吗？"到了约定时间，我们再与对方联系。如果不能达成客户的需求，我们要向客户解释原因，从而获得谅解。

正所谓"一诺千金"，"一言既出，驷马难追"，商务交谈中承诺的一些平常的小问题，也是承诺，也需要遵守。要知道只要一丝不苟，一一履行，日积月累，才能形成客户对我们的认识，就是"诚信"。所以，答应了客户十点拜访，就不要十点半到；允诺了客户保密，就一定不要说。

  李嘉诚20岁时，准备离开塑胶裤带制造公司自己创业。但是，他又想到，这样的话，自己将来不可避免要和现在的老板成为竞争对手。于是，怎么避免利益冲突就成了李嘉诚要考虑的问题。

  后来，李嘉诚对老板说："我离开你的塑胶公司，是打算自己也办一间塑胶厂。我难免会使用在你手下学到的技术，也肯定会开发一些同样的产品。现在塑胶厂遍地皆是，我不这样做，别人也会这样。不过，我向你保证，我绝不会将一个客户带走，也绝不会用你的销售网推销我的产品，我会另外开辟销售路线。"老板知道李嘉诚诚实守信，相信他会遵守自己的诺言。

  之后，李嘉诚组建了自己的公司，也一直践行着自己对老板的承诺，婉言谢绝了很多以前曾经跟他有过业务联系的客户提出的合作。他说明原因之后，还强调以前打工的塑胶裤带制造公司和自己有着深厚的情谊，并且其同样具有很强的实力，希望这些客户都能继续与其保持联系和合作。

  李嘉诚曾说："与新老朋友相交时，要诚实可靠，避免说大话。要说到做到，不放空炮，做不到的宁可不说。"这句话，不仅是重要的生意经，更是做人的道理。

  信守一个诺言，有时比登一座高山还困难。但是，一旦许下诺言，我们就要不折不扣地去完成自己的诺言。一旦你实现对别人的承诺，你就会赢得别人的信赖及周围人的赞誉。诺言，可以使别人对你建立起信任感。

  乔·吉拉德说："诚实是推销之本。"信誉已成为竞争制胜的重要的条件和手段。当我们向顾客推销自己的产品时，事实上就是向顾客推销自己的诚实。所以，谈生意时，不要胡乱承诺，一旦承诺就要守诺。

回避不雅之言

优雅动听的言辞能让客户感觉到尊重,认为你是有涵养的人,而满口脏话,或者说话百无禁忌,会给客户留下非常浅薄粗俗的印象。每个人都希望与有涵养的人在一起,所以,谈生意中一定要避免不雅之言。

有些生意人言语粗野,甚至污秽,满口粗话、丑话、脏话。上溯祖宗、旁及姐妹、下连子孙、遍及两性,不堪入耳,这是最没有礼貌的语言。即便我们身穿精致的西装,但若讲出粗话来,那就像身上被泼了脏物,让人想要掩住口鼻,避而远之。

粗鄙的话会让受话者或周边的聆听者感到被羞辱和冒犯。即便一句偶然的脏话,也会让客户觉得自己的人格和尊严受到了侮辱,再有涵养的客户也必然会勃然大怒。这很有可能伤害双方的感情,使生意进入僵局。

祁阳是一家物流公司的负责人,章越是一家服装店的老板,两人是生意伙伴。

一天,章越按照约定到祁阳的公司取货。两人谈到运费问题时,意见产生了分歧,章越觉得祁阳提出的费用过高,希望能降一点。

一开始,两人都是心平气和地商量。谁知,祁阳说话习惯带口头禅,用词很难听,章越几次提醒祁阳注意说话素质,可祁阳依然口无遮拦,这下把好脾气的章越激怒了。他一气之下动手打了祁阳。

这下子,两人撕破了脸,顾不上生意和合作,便扭打在了一起。

愤怒时，人们常用粗鄙的言辞宣泄情绪，若是把枪口指向客户，那无疑是伤害对方精神的。有时候，因为货款或运输的延误，客户可能在愤怒中骂人，此时我们不应该与之对骂，要理解客户这样做并不是故意侮辱，而是表达愤怒，应尽量安抚客户。

一些语义不好的敏感词语，在公众场合应尽量避讳，否则会让客户产生不好的联想，引起反感。

一个典型例子，就是在推销保险时提起关于疾病和死亡之类的词语，如"死了""没命了""完蛋了"等。为了避讳，我们可以用委婉的话来表达，比如"丧失生命""出门不再回来""老了""走了""不在了""永别了""与世长辞""停止呼吸"等。有些保险业务员常常对客户讲自己见到的意外死亡事故，故意把事件讲得恐怖血腥，以期让客户感到害怕而购买保险。说实话，这种方法只会让顾客觉得厌恶和排斥。

若客户有生理缺陷，我们在交谈时，应注意使用一些委婉词语。如对方是腿有残疾的人，我们可以说"腿脚不方便"，千万不能说"腿瘸了"等。

在公共场合，有些因道德、习俗而不可公开的事物和行为的词也需要避开。比如，"去厕所"应当文雅地说成"去洗手间"。

谈生意时，有些人言辞非常浅薄，言不及义，或者只知柴米油盐、鸡猪猫狗、张长李短、男婚女嫁等。和客户聊些日常之事，虽说易获得好感，但是对有教养、有知识的人来说，这些话往往让人觉得俗不可耐。谈生意，要有知识，虽不能做万能博士，但不应该在对方谈红酒的时候，我们说白开水；在对方谈绘画的时候，我们谈涂鸦。最好能多看书有专攻。此外，若是真的不知道，可以谦虚聆听，做个好听众，这样反而会给人认真有礼的印象。

另外，除了不雅之言，一些不雅观的行为和动作也应该规避。可能这些行为是无意识的,但是它们会让客户对我们的印象大打折扣。

贸易公司的秘书任莉常在公司的谈判会议上做随笔记录。一次,公司接了一单大生意,任莉随行到上海谈判。谈判一开始很顺利,但是在最后一次长达3个小时的决定性会议上,头昏脑涨的任莉偷偷从包里拿出小镜子照了照。谁知就这一个小动作,恰好被坐在对面的总裁看见了,对方立即中断了谈判,什么也没说就离开了。

谈生意时,不雅观的行为有抠鼻孔、咳嗽不掩口、桌下悄悄脱鞋、张大嘴打哈欠不掩口、一直抖腿等。此外,还有在对方发言时,与同行人窃窃私语,对客户指指点点等。这些行为在谈判中稍有不注意就会出现,所以我们要时时自我检查。

总之,不雅的言辞会让我们严正端庄的形象顷刻之间大打折扣。在谈生意过程中要尽量不说,或用委婉的词语代替,让客户听得舒心。

专业术语，让客户如坠云雾中

大部分人害怕读专业性的书籍，因为里面的专业术语让人费解，最后根本没有兴趣读下去。同样，若是我们与客户谈生意时张口闭口都是专业术语，那客户就会觉得一头雾水，拒绝听下去。

生意人说专业术语大多有两个原因，一是为了显示专业，二是为了忽悠客户。

保险销售员在与客户沟通的时候，常常大力发挥自己的专业，什么"保费豁免""费率""债权""债权受益人"等一些专业术语，让客户如坠云雾中。

所以，不要以为在说话时穿插一些别人听不懂的专业术语就代表自己知识渊博。事实上，这种行为很容易给人一种骄傲自大、喜欢炫耀的感觉，反而让客户觉得不专业、不成熟。

而且，越是能让顾客听懂的语言和熟识的语言，越能赢得顾客的好感和激起顾客的购买欲。客户听不懂，有反感心理，会心想：这些令人厌恶的生意人，简直把我们当作小学生了，满口都是专业名词，谁能听得懂？既然听不懂，我为什么还在这里买东西？

某公司搬迁到新办公区，急需安装一个能够体现公司特色的邮件箱。

韩秘书打电话向一家公司咨询此事。接电话的业务员听了韩秘书的要求，很诚恳地对秘书说："贵公司最适合 CSI 邮箱了，方便实用，更能体现贵公司的企业文化！"

什么是 CSI 邮箱？韩秘书一头雾水，旁边的总经理也搞不懂是什么。于是，韩秘书又问："麻烦你能说得详细一点吗？这个 CSI 是金属的还是塑料的？是圆形的还是方形的？"

对方听此也很不解："如果你们想用金属的，可以选择 FDX，每个 FDX 还可以配上 2 个 NCO。"

韩秘书很无奈，CSI、FDX、NCO 这几个字母简直把她弄疯了。她只好告诉业务员："有机会再联系吧，再见！"

一场交易就这样中止了。

很多生意人为了让产品显得质量好，总是会对不懂行的顾客大侃专业术语。就以实木家具为例，实木家具养眼还环保，因而颇受消费者的欢迎。一些家具商在引导客户购物时，常常蹦出"采用木榫框架结构""用中密度纤维板和刨花板作为基材"等专业术语，顾客看不明白，大多只能不懂装懂地应和两声，而刨根问底的顾客则会让导购员用更为专业的概念给糊弄过去。

千万不要为用专业术语把客户搞糊涂而让客户花高价买产品而扬扬得意。要知道，很多顾客即便购买了还会有受骗的感觉，所以，这种生意常常只能成为一锤子买卖，很难得到顾客的长久信赖和支持。

一个生意人首先要做的不是为了炫耀自己的专业，不是为了把客户弄糊涂，而是要用客户明白的语言来介绍自己的产品或服务，让客户因明白而心动，主动购买。

什么是客户明白的语言呢？就是平实的话、通俗的话、直观形象的话、简单明了的话。做到这一点需要我们少说些"内行话"，借助生活中常见的物或事，把深奥的专业概念和抽象的知识生动形象地告诉顾客。这样才能够有效地达到沟通的目的，销售也会少一些阻碍。

　　一对父子正在建设一座奶牛场，父亲做木匠，儿子管奶牛。他们将赚来的钱投入奶牛场的建设，指望有朝一日能靠这座奶牛场变得更富有。

　　但是，他们知道，在今后10年内奶牛场必须靠他们二人才能支撑下去，如果父亲发生意外，全家就不可能达成此目标。

　　这时，人寿保险的业务员上门了。他提出，为了给父亲购买足额的人寿保险，以保证他万一发生意外后，他的保险金还能继续向奶牛场提供必需的资金，把牛群扩大到可以赢利的规模，他们有必要每年交一笔保险费。但是全家都反对，说他们没有钱。

　　保险业务员灵机一动，换了一种说法："为了保证即便出现意外，你们还能继续达到既定的目标，你们愿意把那两头牛产的牛奶送给我吗？只当你们没有那两头牛好了。不管出什么天大的事，它们所产的牛奶都可以保证你们在将来一定能建成赢利的奶牛场。"

　　结果，他做成了生意。分析原因就知道，他运用了顾客的语言，把每年的一笔保险费转换成了两头奶牛产奶所产生的收益。这样的话，这对父子能听懂能接受，而业务员也达到了销售的目的。

　　要让顾客听得懂，可以从两方面下手，一是看对象，二是要生动形象。

　　看对象是说，跟青少年谈话不同于跟成年人的交谈，比如我们向年轻人介绍手机，讲像素是多少万，屏幕分辨率是多少，什么系统，大部分年轻人都知道。但是你若给60岁以上的农村老年人讲，他可能就像听天书，这个时候谈到像素和分辨率就需要说成"图像跟真的一样""看得清楚"这种通俗易懂的话。再比如，向农民推销化肥，你不能说每平方千米撒多少千克，而要告诉他一亩地撒多少斤，否则客户怎么会买呢？

有些产品运用了最新的科技或者材料，以此为宣传，内行人可能颇为感兴趣。但是如何让普通顾客知道这是什么呢？某业务员向顾客介绍本公司的纸是"无元素氯漂白"的，但是客户不懂这么专业的知识，不明白这是什么，因而无法成交。而另一厂家在介绍自己的产品时，完全通俗形象，什么"满头大汗，照擦不烂""好纸像棉花"。虽然平凡，但顾客听懂了，觉得亲切自然，涌起了购买的欲望。

需要注意的是，并不是说生意人掌握专业的知识不好，恰恰相反，生意人必须要专业。但是，这些专业术语最好用在同行之间的交流中，而不是用在和顾客沟通的时候。

总之，用客户听得懂的语言向顾客介绍产品，这是最简单的常识。过多地使用专业术语、专有名词向顾客介绍产品，使顾客如坠雾里，往往难以成交。因此，我们在介绍产品和交易条件时语言必须简洁明了，表达方式最好直截了当。

枯燥的话题，束之高阁比和盘托出更高明

谈生意时，有些话题非常枯燥，我们自己听起来都要打瞌睡，但是又必须要跟客户讲明白。遇到这种情况，我们不要拼命去硬塞给客户，可以换一种角度，从客户感兴趣的地方入手。

幽默的方式总是能吸引人，把枯燥的问题转化成生动幽默的笑话或幽默的言辞，能起到让客户耐心倾听的效果。

美国西部航空公司的售票厅，一位先生正在购票。

"我要两张飞往旧金山的机票。"

"好的。不过，先生，这种机票有多种优惠价格，不知您适合哪一种？"小姐答道。

"哦，优惠？"顾客漫不经心地说，"不知道有些什么优惠？"

"您是印第安人吗？"

"不是。这有什么关系吗？"

"那太遗憾了，先生。如果您是印第安人并在清晨4点启程，又在次日清晨返回的话，我们可以给您30%的减价优惠，但现在只剩下8%了。"

"我的上帝，请问还有其他优惠吗？"

……

"如果您是一个度假的国家驻外使馆的人员，那我们可以给予您15%的优惠。"

"那我又错过了，我正和我太太一起旅行。"

"哎呀，先生您怎么不早说呢？您太太还不到60岁吧？如果她不到60岁，且你们又不赶在周末旅行，那么可以享受20%的优惠价。"

"可我们非得在周末才有空呀。"

"嗯，别灰心，请问您和您夫人中有做学生的吗？如果你们其中有在上大学的，且又在星期五乘飞机，我们可给您45%的减价优惠。"

"差不多便宜一半啊！可惜我两年前就念完大学了。这样吧，小姐，您还是给我那8%的优惠吧，谢谢您的介绍。"

名目繁多的优惠折扣条款，以这种富有幽默色彩的方式说出来是多么有趣啊！而且这些介绍也非常准确，容易让客户明白。相信很多客户都愿意光顾这样的航空公司。

许多商品介绍和销售演示都是乏味的，我们得不断用一堆数字或图表吹嘘自己的公司怎么历史辉煌，产品怎么好。说实话，客户才不关心呢。所以要让客户听进去，我们要激发客户的想象力、认同感等，因此，有感染力的故事就成了好办法。

比如，一位客户看到新上市的某品牌瓜子，想了解相关情况。一般的销售可能会说我们是什么牌子、公司在哪里、瓜子怎么好吃等。这毫无吸引人的特色。此时，不妨借鉴可口可乐的神秘配方、香奈儿的传奇经历、松下的创业历程等，讲讲品牌故事。这个故事可能是这样的，清末一位老头在城楼前卖瓜子，因为瓜子奇香、颗颗饱满而远近驰名，秘方流传至今，成了我们这个品牌。这样的话，产品就能在客户心中形成鲜明的形象。

客户经常会问产品的质量，我们可能讲产品经过多少道工序，经过什么ISO 9000等的验证。这样的说辞并不能使客户相信我们的产品质量。此时，相关的故事却能起到奇效。

某顾客想买海尔品牌的冰箱，问及质量，售货员没有对他讲海尔的"品牌价值855亿元，连续9年蝉联中国最有价值品牌榜首"等，而是讲了1985年海尔集团总裁张瑞敏令责任者将76台存在一定质量问题的冰箱用大锤砸毁的故事，暗示了海尔对质量的重视。

此外，很多时候是我们说、我们做，客户只是听，没有参与感。此时可以让客户参与到展示或演示环节中，让客户亲手去体验，然后表述产品的好处。

总之，重要的是要尽量往简单生动方面说，争取引起客户的兴趣；枯燥的话题，不重要的可以概括讲，一带而过；客户不爱听的话，我们最好是能保留就保留起来，毕竟束之高阁有时比和盘托出要高明一筹！

对商业机密要守口如瓶

每个行业都有自己的商业机密。尤其是对冒险投资的商人来说，商业机密几乎就是自己成功的保证。一旦这个秘密被他人知道，那么公司就可能面临着倒闭和破产的危机。所以，与客户聊天时，我们一定要慎重，该说的说，不该说的坚决不说，让别人很难从我们嘴里挖出秘密。

一些生意人一被吹捧就开始陶醉，什么实话都说；有的生意人几杯酒下肚，别人问什么他说什么。这都是很不应该的。祸从口出，若是一着不慎，把商业机密说漏了，那将会给公司带来不可预料的损失。作为商务人士，我们说话更要谨慎，懂得"沉默是金"的道理。而且，我们还要交代自己的下属一定要守口如瓶。

可能不少人会遇到自己很要好的朋友或客户旁敲侧击地打听公司的一些商业机密，担心一旦处理不好，双方就会陷入尴尬境地。

此时，我们要明确一件事——生意场上，我们是需要朋友，但是这并不等于把朋友和生意混在一起。相反，朋友和生意必须要划清界限。也就是说，若是借钱签字、发货开单等事情，千万不能讲哥们儿义气；谈生意若遇到朋友，应该分清公私，否则可能砸了生意，坏了友谊。所以，若遇到朋友或老客户打听我们的商业机密，要委婉地拒绝，或者转移话题。

邱明和肖越是大学里很要好的朋友，毕业后肖越入家族企业接班，邱明进入一家外贸公司，并升至经理。

一次，两人约好吃饭。邱明知道肖越的公司经常和他所在的公司合作，而且最近还在谈一个合作项目，于是就想从肖越那里知道一些技术方面的机密。他佯装无意地说："听说你们公司在技术方面做得很好，可不可和我谈谈这方面？"

肖越听后，立刻明白了邱明的意图。为了维护好公司的利益，也维系两个人的友谊，肖越巧妙地回答："你们公司技术方面也很不错。哎，我们今天不是出来放松的吗？不聊这些累人的事，咱们说点轻松的，国庆节休假，你准备去哪儿玩啊？"

既然是秘密，总有不可告人的原因，或者紧系着企业的生死存亡。所以，我们与客户聊天时，坚决要守住自己的秘密。

有时候，商场上的朋友、合伙人或老客户会把自己的商业机密告诉我们，这是基于信任。我们有为他们保密的义务，而绝对没有把机密张扬出去的权利。若是没有管住自己的嘴而把朋友、合伙人或老客户的秘密公之于众了，那么可能让对方付出惨重代价，我们也会失去对方的信任。

如果说的是合伙人、商场朋友或客户的琐事，损害的可能只是他个人的威信。如果泄露出去的是商业秘密，那危害的恐怕就是一个企业，甚至是多个企业的核心利益。所以说，有些事情一定要守口如瓶，就算有人旁敲侧击地打听，也不能说出来。

当然，在与客户谈生意时，若想合作顺利，也尽量不要刺探对方的商业机密。不管是有心还是无意的，这都会让对方立马戒备起来，甚至把攻击的矛头指向我们。这就破坏了我们苦心经营的和谐的谈判氛围了。

商业机密是谈生意时的逆鳞、软肋，说不得，更问不得，最好对此奉行沉默是金的原则。

第七章 —— Chapter 7

有效打破僵局的
7个绝招

不妙的时候喊"暂停",适时中止谈判

谈生意时,双方出现分歧是常有的事,若各持己见、互不妥协,往往会出现僵持局面,以至谈判无法继续。这时,若强行继续谈判是徒劳无益的。比较好的做法就是喊"暂停",中止谈判。

谈生意大多会形成一种严肃、紧张、压抑、沉闷的气氛,尤其是双方就某一问题发生争执横眉冷对时。此时,暂停谈判,休息10分钟或者休整几天,可以让双方情绪都冷静下来,从而重新客观地分析形势。或者,双方还可以利用休会期研究一下,己方提出的交易方案,对方是否可以承受?对方态度强硬的真实意图是什么?己方准备提出哪些新的方案,等等,以便重启谈判。

某公司老板范岚与下属踏进客户的采购中心,进行一场谈判。

刚坐下,对方的采购人员就开宗明义地要他们表态可以砍多少价钱,否则免谈。这种强硬的态度带着一股山雨欲来风满楼的气势,让谈判氛围立马紧张起来。

范岚公司的业务经理武商试着说明这个案子的难度与预算的关联,并讲出了自己可以承受的价格。然而对方似乎无动于衷。范岚意识到对手是属于非把价钱砍到你痛苦不堪而绝不罢休的人。

没有利润,范岚的公司本可以不做,但是这件案子都已经做到一半了,若是现在放弃,总会有些不甘心。范岚又向对方表达了双方都让一让步,

争取合作的意思。但是，对方斩钉截铁地喊了一个让范岚公司无法承受的价格，还要求他们当场做决定。

气氛冷到冰点，范岚公司的很多人都露出了愤怒的情绪。这一切很有可能引起口角。范岚想了想，意识到此时最需要冷静，就提出双方先休息10分钟，让自己的团队可以就对方的方案讨论一下。对方应允。

在10分钟里，范岚和下属们意识到对方这么逼迫并不是想换厂商，因为后续换人接手更加麻烦，而只是想把价格砍到更低。这么一想，大家豁然开朗，然后讨论了接下来的应对之策。而对方负责人显然不愿出现僵局，在其他人的劝说下，也慢慢放下了自己的坚持。

10分钟后，双方重新回到谈判桌。范岚先从软性话题开始讲，等气氛稍稍缓和之后，他才表明对方若能让步到公司可以承受的最后底价，公司会全力以赴，否则无力承接。

这种诚恳的态度获得了对方的认可，而且，对方也认为范岚的价格比较合理，同意合作。

谈判较紧张时，可以告诉对方，我们要跟合伙人、老板、专家或团队商量，或者讨论10分钟、半个小时。此外，若是谈判期本身比较长，比如3个月或半年，那么我们还可以提出暂时休会，让双方人员去游艺室、俱乐部等地方消遣，或者游览、观光、出席宴会、观看文艺节目等，这有助于松弛绷紧的神经，缓和双方的对立情绪。

其实，谈判休会，还是一种战术性拖延手段。当谈判进入僵局，我们必然要做出一定的让步，或者重新布局向对方施加压力。比如，本来可以让步，但是为了显示我们的让步是艰难的，所以，可以走出房间，打个电话，或者独自沉思一会儿。比如，之前我们说过在某一个问题上要让步是不可能的，但是当我们打完电话回到谈判桌时，可以说我们的上级同意适当让步。这样的话，会让对方感受到我们改变观点是合理的。

采用此战术，在休会前我们务必向对方重申一下己方的提议，引起对方的注意，使对方在头脑冷静下来以后，利用休会的时间去认真地思考。在休会中，我们自己也要多思考"下一步谈些什么""己方有什么新建议"等问题。

注意：休会一般由一方提出，只有经过双方同意，这种策略才发挥作用。最好是把握时机，看准对方态度的变化，讲清休会时间。如果对方也有休会要求，则一拍即合。若我们要休会，而对方不同意，可以清楚并委婉地讲清需要，让对方明白无误地知道。一般来说，参加谈判的人员都是有修养的，出于礼貌，他们很少会拒绝。

但是，如果形势对我们自己有利而不愿休会，那我们可以根据情况破解。比如，对方精力不济，容易出差错，我们可以设法留住对方或劝对方再多谈一会儿，或再谈论一个问题。此时，延长时间就是胜利。或者当我们正使用强硬手段激怒和摧毁对方情绪时，对对手的休会提议可佯作不知、故意不理，直至对方让步。

除了打破僵局的作用之外，暂停休会策略还可以在以下情况中采用：当谈判出现低潮时，双方人员精神涣散、工作效率低下，这时提议休会，可以养精蓄锐；当谈判出现新的或意外情况，局势失控，可休会调整谈判策略；当一方觉得谈判效率低，有不满情绪时，可以采用休会调整。

总之，暂停休会是一种常用的打破谈判僵局的策略。它不仅使谈判人员恢复了体力、精力，而且调节了情绪，缓和了谈判气氛，融洽了双方关系。经过休会，很多生意谈判都能重新步入正轨，顺利达成。

避免谈判陷入无意义的争执

和气才能生财，谈生意是为了成交。如果双方偏离这个目的而把时间花在争论无关紧要的问题上，那是不智之举。因此，交易活动中我们不宜与客户争辩，尤其是要避免无意义的争执。

商务交易中，我们总会遇到一类客户，他们怨天尤人，常埋怨产品不好，希望能换个产品，或者对服务不满意，抗议不断。面对这类客户，我们不宜争辩。因为有可能越谈越走题，从而给对方造成一种我们不尊重对方的错觉。即便对方有错，我们从争执中获胜，但把客户驳倒了，只会伤害顾客，给顾客留下不好的印象。做生意是为了赚钱，争执是为了争口气，为争口气而把生意弄没了，那是得不偿失。

渥里夫是一家超市的收银员。一天，他与一位中年妇女发生了争执，因为中年妇女坚持自己已经付了50美元，而渥里夫坚称自己没有收到。

这时，渥里夫提出去看超市的监控录像，结果发现是前一位顾客顺手牵羊拿走了那50美元。谁都没有错，但是，按照法律规定，钱没有交到收款人手中，收款人可不负责，错在中年妇女。中年妇女觉得超市管理存在缺陷，并让她受到侮辱，因此发誓再也不会到该超市消费了。

超市老板吉拉德得知事情后，做出了辞退渥里夫的决定。他找到渥里夫，说："我知道你觉得委屈，很多人都觉得我做出这个决定不近人情。但是我想请你回答几个问题，那位女士做出此举是故意的吗？"

"不是。"

吉拉德接着说:"但她被我们当作无赖请到了监控室里去看录像,是不是她的自尊心受到了伤害?她会不会把内心的不快乐和对我们超市的反感告诉亲朋好友?"

"应该会。"

吉拉德认真地说:"根据专家预测,每位顾客的身后大约有25名亲朋好友,而这些人中有同样多的各种关系。也就是说,得罪了一名顾客,将会失去几十个甚至几百个潜在顾客。如果这样计算,我们直接或间接的损失有多大?所以,为了教育营业员善待每位顾客,我不得不做出辞退你的决定。"

渥里夫听后,诚恳地说:"您的决定是对的。但是,我还有一个疑问,遇到这样的事情,该怎样处理呢?"

吉拉德说:"很简单,只要你改变一下说话的方式就行了,多把责任和过失'揽'到自己的身上。当了解到事情的真相后,要去安慰、帮助她,期望她下次的光临。不要跟顾客去计较,因为我们是依赖顾客而生存的商场,而不是去明辨是非的法庭。"

买卖双方或者合作双方,存在分歧是正常的事情,毕竟任何企业及其经营的商品都不可能是无可挑剔的。当客户抱怨时,有理有据地驳倒对方异议中的不合理因素,不能解决任何问题。我们首先要做的是,采取心平气和的态度,认真倾听对方的抱怨,化解顾客的不满。

具体来说,当与客户发生分歧,我们要立刻压住"为自己找理由辩护"的本能。因为一旦你做出了争辩,过后往往难以改变立场。此时要保持冷静,千万不要轻易发怒。发怒使思想交流更难,对解决问题没有任何益处。而且,商场上有句话是"发怒是无能的表现",易怒会让客户觉得我们不成熟。

　　异议和分歧既然存在，那我们不妨听听客户怎么说。这不仅是一种礼貌和尊重，更是发现问题的方式。也许客户抱怨质量，潜台词是说价格问题。可能我们没有从客户的立场出发，为对方解决他最在意的难题。弄清楚前因后果之后，接下来就是找出双方的共同点，或者说双方已经达成的协议，保持谈判的良好氛围，从而为找到对双方有利的解决办法打下基础。

　　林肯曾说："任何决心有所成就的人，绝不肯在私人争执上耗费时间。争执的后果不是他所能承担得起的，而后果包括发脾气，失去了自制。"所以，无论何时，我们都要树立这样一种意识，谈生意不是你死我活的斗争，谈判桌不是明辨是非的法庭。因此，我们要进行的是让双方都能欢悦地接受协议而进行实事求是的讨论与相互合作，而不是试图强行改变别人的观点，让对方认输。

鼓励对方不要轻易放弃

谈生意时，我们一方若没有信心，生意可能无法促成。同样，对方信心不足，也会使沟通终止。所以，在谈生意进入僵局时，我们不仅自己要保持信心，还要帮助客户建立信心，鼓励他们继续前进。

一般来说，谈生意涉及不少内容，比如，价格、负责人员、售后服务、交货时间、付款方式、活动支持等。谈判进入中后期，可能有很多项内容都已经达成了协议，但还有一些条款始终谈不拢。此时，我们就可以用既定成果"鼓励"对方："看，我们已经解决了大部分问题，现在就剩这些了。如果不一并解决的话，那不就太可惜了吗？"

这几句话看似平常，却通过回顾双方之前的交流和沟通，强调和突出共同点和谈判成果，以此来削弱对方的对立情绪，达到打破僵局的目的。

而且，这个办法可以多次使用，当我们只谈成两个项目时，可以此鼓励对方继续谈；当我们暂停休会后重回谈判桌，可以说："上次我们已经达成了很多对双方都有利的协议，让我们继续解决下面的问题吧。"当然，谈判的最后，我们也可以这么说："五个关键问题已解决了四个，剩下的一个如果也能一并解决的话，其他的小问题就好办了。如果就这么放弃，大家都会觉得遗憾呀！"听我们这么一说，对方多半会点头，同意继续谈判。

需要注意，在谈生意时，核心问题和重要问题应该优先谈及并尽量达成一致，这样下面的小问题几乎就可以迎刃而解了。但是，若谈判有两个核心问题，可都没达成，之前的小项目即便谈成了，也可能没有足够分量，不能说服对方继续谈下去。

除了用之前的成果鼓励对方外，我们还可以借助"第三者"来给对方坚持下去的信心和勇气。

心理学认为，每个人都有两个自己，一个是自己本身，一个是别人眼中的自己。而且，自己在他人眼中的形象或地位也可以改变自身的想法。因此，在促成生意时，我们可以利用"第三者"的力量和威信来说服对方，使客户更加信任我们，对生意和产品更有信心。

当年，美国通用电气公司采取"轮番轰炸"的方式宣传自动洗碗机，但仍乏人问津。后来，他们和房地产商联合，在新建的住宅内安装自动洗碗机。结果，此举不但推动了房子的销售，也使自动洗碗机获得了人们的青睐。这就是通用电气公司巧用房地产公司这位"第三者"说服了顾客。

那如何选择合适的"第三方"呢？首先，必须保证这个人是客户认识和熟悉的，且地位和名声跟客户相同或超出，这样才有足够的分量和威慑力。比如，我们同某家大公司有生意往来，那么可以印证对方的话或者这笔生意来表现实力或合作的诚意。其次，客户的一些亲朋好友或者曾经有恩于他的人也可以。

在谈判陷入僵局时，帮助客户建立信心的方法还有很多。比如，收集在全国性媒体上刊登的有关我们公司或产品的文章，如产品质量、送货服务、竞争力以及客服质量等，这有助于打消潜在客户心中的疑虑，提高我们的可信度。比如，强调售后服务，介绍一下有关送货、培训和服务的问题，让客户相信我们不会在交易后一走了之。

注意：杰弗里·吉特曾说过："如果潜在顾客缺乏购买信心，那么再低的价格也无济于事。在很多情况下，低价实际上还会吓跑购买者。"因此，要看清客户是对什么没有信心，最好不要盲目降价，有时候会适得其反，让客户对产品和合作更没信心。

无论任何一方谈判信心不足都很难达成合作。当对方对谈判前景失去信心而想放弃的时候，我们应主动鼓励对方要坚持下去。

转移话题，缓解气氛

谈生意时，双方寸利必争，往往很容易形成冷场和僵局。心理学发现，人们在紧张的心理状态下，若突然被转向另一个话题，便很容易把注意力转移到另一方面去。所以，我们不妨转移话题，多谈些令双方感兴趣的事，以缓解紧张气氛，帮助双方坐下来继续谈。

转移话题打破谈生意僵局的方法，是一种避对方锋芒之计。当谈判陷入僵局时，转变话题以缓解气氛，当气氛松弛时再继续谈，这样就不至于使双方陷入尴尬的境地。虽然它使谈判绕了个弯子，多走了一些路。但是，这种迂回能为谈判扫清障碍，铺平道路。

转移话题有一定的难度，因为必须要视具体情况和对象来转，不能不着边际、随心所欲地转移。一般转移话题的主旨不要变，即便不涉及正题，也必须与正题有关。

多年前，我国深圳蛇口工业区代表团与美国某财团进行谈判，讨论引进新型浮法玻璃厂。但是，由于双方在"每年所付专利费占销售总数的百分比"这一关键问题上各不相让，以致谈判进入僵持状态。

此时，主谈判代表的袁庚先生转移了话题，说："先生们，我们的祖先4000年前发明指南针，2000年前发明火药，全人类都在享受这些伟大的成果，可他们从没有要过什么专利。作为后代，我们也从没因此骂过自己的祖先，反而感到光荣。请问诸位，那时候你们的祖先在哪里？恐怕还在树上哩。各位请看自己的胸前，是否特别多毛？"

美国人真的低头看自己的胸前，一个个咧嘴笑了。

袁庚先生接着说："各位不要担心，我的意思不是不付专利费，而是要求公平合理！"

袁庚先生坦率机智的妙语像润滑剂，融洽了双方的合作，折服了精明的美国商人，谈判终于出现转机。最后，双方达成了相当有利于我方的协议。

在话题要走向不利于自己时，要转移话题，我们可以采用下面这些话，如"正如您所言，这是非常重要的问题，所以稍后调查再做报告，在这之前……""关于这件事，正如先生所言，的确非常有道理。但是，暂且先谈刚才那个提案……""这些宝贵的意见且先搁置，我们换个角度来看……"等。这样的话，话题可以从一个议题跳转到另一个议题上。

转移话题特别要注意巧妙地处理尴尬的局面，此时就需要幽默。若是话题转移得幽默巧妙，大家一笑，紧张的气氛就可能化解，气氛就会变得舒坦宽松，双方就可以继续谈下去了。而且，幽默能显示人的机智，让我们获得别人的好感。此外，谈判进入僵局时，用幽默的语言艺术适当转移一下人们的注意力，讲个笑话，也是很有效果的。

在一次重要谈判当中，双方非常陌生，谈的问题又很沉闷，所有人都感觉别扭。

此时，一方的代表马总开了口，把话题转移到另一方的负责人身上，说："沈总，听说你是属虎的，你的厂在你的领导下真是虎虎生威呀！"

沈总顺势说："谢谢，借您吉言。唉，可惜我一回家，就难有虎威可现了！"

马总很疑惑,"为什么呀?"

"我和我的夫人属相相克啊,我被降住了!"

马总忙问沈总夫人是何属相。

沈总故作无奈地答道:"她属武松!"

所有人都"噗"的一声笑了。

虽然这一话题的转移有刻意营造的感觉,但是并不阻碍它去缓和气氛。若是对方和我们一来一往地讲几句幽默的话,那么原本的沉闷、压抑等都会被一扫而光,还给双方本来陌生的关系涂上一些"润滑剂"。此时,若谈及那些原本搁置的问题,反而会有效。需要注意的是,转移话题时尽量要瞅准时机,做到不冷场。若用幽默方式,最好讲适合的话题、友善的幽默,而且尽量不要讲冷笑话或黄色段子。

转移话题和注意力,就像是一场篮球比赛中的假动作,是个技术问题。我们应该多多练习,运用好这项技术。

场外沟通，打破僵局

场外沟通，是一种非正式谈判，是场内谈判的辅助和延续。一场生意要想促成，寻找双赢，就不能低估了场外沟通的作用。

相比于正式谈判的紧张压抑，场外沟通的好处是大家可以无拘无束地谈各种问题。比如谈双方公司里不合理的规章制度，双方的兴趣，生活的琐事如孩子、太太，社会问题如调税等。这些话题就像润滑剂，增进着双方的感情。当年，北越和美国的和平代表团在巴黎召开每周一次的会谈时，常吵得不可开交，气氛非常紧张。但是，不远处，美国和北越高级官员正坐在一起喝茶闲谈。可以说，场外沟通为双方以后的"妥协"铺好了道路。

尤其，当正式谈判陷入僵局时，非正式的谈判就显得不可或缺了。此时，双方离开谈判桌，举办宴会，组织旅游观光，在酒足饭饱或心情愉悦之时，只要几句话，就能建立起感情，既不失面子，又解决了问题。

林恒代表公司与加工生产零部件的客户谈判。因为零部件的原材料价格上涨了一倍，客户提出零部件的加工价格也要涨一倍。这让林恒一方难以接受。

但是双方进行了几轮谈判，客户一方的高经理立场坚定，态度强硬，根本不妥协让步，谈判进入了僵局。

林恒觉得这样不是办法，就提议暂时停止谈判，然后邀请对方的人员吃饭，一起旅游。旅途中，林恒和高经理都没有谈及任何与生意有关的事情，而是聊家庭、经历等，增进了了解和感情。几天下来，两人已经是无话不谈的好朋友了。

两周后，当双方再次坐上谈判桌时，高经理做出了让步，对林恒说："我们已经是朋友了，我是不会让朋友吃亏的。你定个合理的价，我就签字。"

一件棘手的生意就这么友好地谈成了。后来，两家公司一直有生意往来，互惠互利，合作愉快。

非正式谈判虽然没有谈生意，却能拉近双方的心理距离，寻找彼此的兴趣，从而赢得对方的好感，与对方交上朋友。而且，有些生意人非常希望得到别人的欣赏。在气氛很好的时候，他们会变得非常慷慨。

场外沟通，还有一项常被忽视的好处——借助它，谈判双方的幕后主持人或负责人可以私下交谈。一般来说，因为身份问题，谈判双方的代表不宜在谈判桌上让步以打破僵局，但是可以借助私下接触。有时候，有些谈判的领导者不是专家，实际做决定的却是专家，因为他对于产品更了解，而且有更大的权限。这样，在非正式场合，专家就能从容地与对方的负责人洽谈，而不牵扯其他问题。所以此时，场外沟通变成了一场谈判的重点。事实上，在一场谈判中，用于正式谈判的时间是不多的，大部分时间都是在场外度过的，因此必须把场外活动看作谈判的重要部分。

需要注意的是，场外沟通虽然有好处，但是也有危险性，我们在使用时要注意防范和规避。一个常见的情形是，对方可能不是真心的，而是为了让我们松懈，或者故布疑阵传递虚假消息。所以，我们要保持警觉，不要轻易相信对方透露的信息。同时，要告诉自己的人员，私下交流时不要泄露底牌和秘密。尤其是有饭局时，爱喝酒的人一定要自控。曾有一次谈判，场外沟通时，一方从另一方的闲谈中洞悉了对方的底牌，结果再次谈判时，他们把价压到了最低，另一方只能无功而返。

  一个优秀的生意人应该了解一点——并非所有事情都必须在会议桌上提出讨论。场外沟通打的是"情感牌"，借着这座桥梁，双方得以沟通意见，了解延缓此谈判的要求，并且研究出可行的解决方法。这种方式配合正式谈判，能让生意圆满达成。

不要只考虑自身利益，而要寻找双赢的解决方案

生意人是追逐利益的。但是，若只顾着坚守自己的利益毫不妥协，或从不考虑对方的利益，那么这场生意注定要失败。因为我们利益的实现是以对方利益的存在为前提的。所以，一位谈判名家说："如果试图消除对手，得到所有利润，那实际上是不顾自己的脸面而割掉鼻子。"

1986年，我国第一汽车制造厂的考察团在耿昭杰厂长的带领下到美国克莱斯勒公司考察发动机造型。经过几轮谈判，一汽引进了克莱斯勒轻轿结合的发动机，并准备随后引进克莱斯勒的车身。

但是，当再次谈判时，克莱斯勒公司突然改变态度，提出非常苛刻的条件，还把购进生产线的价格提到了一个难以想象的高价。原来，克莱斯勒公司获得了我国批准一汽生产轿车的信息，所以认为无论自己提出的条件多么苛刻，一汽为了迅速实现轿车的生产，肯定会做出妥协。

权衡再三，一汽难以接受这种完全损害自己利益的条件，所以耿昭杰毅然决定中断与克莱斯勒的谈判。

正在一汽寻找出路时，德国大众公司董事长哈恩博士试探性地向耿昭杰提出了合作的意向。而此次合作兼顾了双方的利益，让双方实现了双赢。

要达到合作双赢，谈判中的妥协应该是双方面的。如果商务谈判中的一方只考虑如何实现自身利益，而从来不给另一方分配合理的利益，或者

想乘人之危，漫天要价，那么最终只能导致分崩离析的结局。

　　做到两全其美，我们可以在谈判中采用"存异求同"的策略。所谓"存异"，就是接受双方之间的差异，认识到这项差异可以带给彼此利益；所谓"求同"，就是说从双方的差异中找出可以统合的地方，寻找新的利益融合点。尊重对手的正当利益，调和双方的利益，我们可以找到更好的合作方式或制订出更满足双方需求的合约。

　　20世纪40年代，英国著名电影明星简·拉塞尔与制片商休斯签订了一个一年120万美元的雇佣合同。

　　一年后，当拉塞尔要求领取合同上所规定的钱时，休斯却告诉她目前手头上资金紧张，拿不出那么多现金，不过他有不动产。但拉塞尔只要现金，面对休斯的解释和请求，她义正词严地指出合同的法律性。双方争执激烈，甚至需要通过律师出面来解决问题。

　　事态严峻时，拉塞尔改变了主意，她非常友好地对休斯说："你我的奋斗目标虽然不同，但是我们追求的利益都是正当的，现在让我们看看有没有解决这一问题的最好方法。"

　　几经沟通，简·拉塞尔与休斯消除了隔阂，创造性地提出了一个可以满足双方需求的方案——合同修改为每年付5万美元，分24年付清。这样的话，休斯顺利地解决了资金周转的困难，另一方面，对于吃"青春饭"的女演员拉塞尔来说，她一下子有了24年的年金收入，不必为每年的财务问题操心了，且由于拉塞尔的所得税是逐年分期交纳，其数额也有所降低。

　　拉塞尔和休斯突破了双方立场上的冲突，探求对立立场背后的利益，寻找到满足各方需要的解决办法，最终调和了双方的利益。

　　在谈生意的过程中，"存异"就是让双方都清楚地表达自己的立场，然后及时提醒对方，把"异"留下来作为谈判的主轴。比如，"我了解您的观点，若我们一起从另一个角度来看此事……""我了解您的想法，而您也明白……才能满足我们共同的需求。"这么说时，一定要语气坚定，态度诚恳，这样清楚地表达了自己与对方观点的不同立场，但完全不会有侵略的感觉。

接下来，我们要让对方感受到双方之间有共同点，可以一起寻找双赢的方案。我们可以以"我了解"的方式，在沟通过程中多多重复对方的论点，让对方感受到尊重与认同。比如说，"我们看法基本上都是相同的""我相信我们都同意这么做"等。

要做到存异求同，我们应该在谈判之前做好准备工作，如清楚自己要什么，了解对手的资料。或者自问：为什么我该得到我想要的？如果我是对方，听到自己的要求，会有什么感觉或者会提出哪些相反的意见？我希望这件事在何时得到解决？

不要把和客户的利益差异当成阻碍，试着转个弯想想，说不定你与对方的不同正是让对方愿意与你合作的原因。尤其在僵局时，多与对方"求同"，然后化解存在的"异议"，更能帮助我们走向双赢局面。

设定最后期限，尽快结束持久战

在商务交往中，我们经常听到这些话：

"如果贵公司不在 5 日内汇来货款，我们将无法按期交货。"

"明天 10 点钟之前如没有收到你方电话，我们将同别人签订合同。"

"此次谈判截止日是 8 月 12 日，希望我们能尽快达成协议。"

……

一般来说，谈生意若设有期限，谈判者是不会感觉到有什么压力存在的。而当一方向对手提出了最后期限和解决条件，对手就陷入了一种"如果不迅速做出决定就会失去这笔生意"的紧张状态中。随着最后期限的临近，对手的焦虑会与日俱增，最终迫于压力而完成约定或做出决策，即便这个决策是对自己不太有利的。这就是谈生意时的"最后期限"策略。

很多谈判，尤其是内容复杂、最初无法确定时限的谈判，最终往往会演变成耗时无功的持久战。这显然很没有效率，也难保最终的有益结果。所以，当谈判进入僵持局面，而我们占据优势时，我们最佳的防守兼进攻策略就是出其不意，发出最后的时间通牒，迫使对方做出让步。

美国底特律汽车制造公司曾与德国一家公司谈一笔汽车生意。当时，双方意见不一致，谈判进行一个多月也没有结果。而美国底特律汽车制造公司还源源不断地接着别国的订货单。

这时，美国底特律汽车制造公司总经理下了最后通牒，说："如果你们还迟迟下不了决心的话，5天之后就没有这批货了。"眼看所需之物抢购殆尽，德方不由得焦急起来，立刻就接受了谈判条件。于是，一场持久的谈判终告结束。

突然设定截止时间，下达最后通牒，也是一种突袭策略。特别是当对方认为时间还很宽裕的时候提出，可以使对手在毫无准备且无法预料的形势下不知所措。对手在经济利益和时间限制的双重驱动下，不得不在资料、条件、精力、思想、时间上都没有充分准备时屈服签字。

若是知道对方谈判的最后期限，那我们可以利用这一时限，将不利的形势转化为优势。具体方法就是在开始什么都不谈，直到最后几天才谈关键问题，并逼对方立刻做出决定。

美国某公司的商务代表麦克到法国进行贸易谈判。

法国公司派人开车到机场迎接，然后把他安排在一家豪华宾馆里。这种体贴周到的服务让麦克很是满意。安排好住宿后，宾馆接待人员似乎无意地问："您是不是要准时搭飞机回国去呢？到时我们仍然安排这辆轿车送您去机场。"麦克没有在意，说了自己的回程时间，并表示时间紧急让对方尽早做安排。由此，法国公司搞清楚了麦克的谈判最长期限——10天。

接下来几天，法国公司的代表丝毫不提谈判的事，而是安排麦克游览法国的风景名胜。直到第八天才安排谈判，但只是泛泛地谈一些无关紧要的问题。第九天仍没有实质性进展。第十天，双方才谈关键问题，但麦克不得不赶飞机。在去飞机场的车上，麦克非常为难，认为不做决定，就是白跑一趟，最后他为了不一无所获，只好答应法方的一切条件。

此外，为了达成协议获得优势，我们还可以采用一种虚假的限定时间，这叫"最后期限陷阱"。某保险公司为了冷却客户的赔偿要求，告诉客户一个"最后时限"，当客户如约到达时，却被告知若是今天一定要索赔，公司只能赔一半，要么就得一周后再来。

发出最后通牒的时间应该把握准确，不能在谈判刚开始对方有路可走的时候发出，而必须是在谈判后期对方进退两难的情况下。此时，由于前期投入较多，对方不得不做出妥协。

因为最后期限策略本身具有很强的攻击性，所以若言辞不当，会伤害对方的感情。对方很可能由于一时冲动铤而走险，一下子退出谈判，使得谈判破裂。为了不激怒客户，我们发出最后通牒时，一定要言辞委婉、措词恰当，最好以某种公认的法则或习惯作为向对方解释的依据。或者告诉对方，在当下的形势若持续下去对双方都无益等。而且，为了安慰对方，我们可以对原有条件做出适当让步，让对方感到你不是在强迫他接受"城下之盟"，而是向他提供一个解决问题的方案。

几乎一切商业合作、谈判都很讲究最后期限，而且坚持不逾越最后时限。所以，设定了截止期限，就不可轻易更改。否则你下一次发出最后通牒，对方就会认为你本来就不是个遵守既定期限的人，时限就发挥不了作用。记住，只有一种情况可以延长期限，那就是有新的状况发生或有充足理由时。

若是对手对我们发出了最后通牒，该如何化解呢？

买卖双方都可以从各自或实或虚的角度出发，以最后期限式的"时间圈套"来造成对方的心理压力，实现交易的最佳效果。所以，这些"最后期限"可能是真的，也可能是有意编造的，不可不信，也不可全信，一定要慎重分辨。

若对方的最后通牒只是为了对我们施压，那么，就应该针锋相对，做出绝不退让并退出谈判的表示，之后提出若是对方有新的设想或退让的话，可以再谈。

如果是真的，那我们就要衡量一下，是做出让步达成交易，还是拒绝让步、失去交易，哪个轻取哪个。若是决定达成生意，那么我们接下来要做的是加倍努力，收集资料，拟定策略，力争在其他条款上捞回自己失去的好处，这样既令对方有利可图，己方又毫无损失。

谈判专家科思曾说："时间是除信息和权力之外影响谈判结果的主要因素之一。"在谈判陷入停滞不前的境地时，规定时间限制可以使之快速前行，有效促进协议的达成与签署。

第八章 —— Chapter 8

读懂肢体语言，
在谈判中占据主动

辨识对方是否有诚意

有些客户总要房地产经纪人带他们参观房子，但他们根本没有购买的意愿；

有些老板嘴上虽然满口答应合作，可谈了多次，对方都没有实际行动；

不少客户总是打来电话催着要样品和报价，但是给他们之后，这些人就再也不联系了；

……

谈生意时，诚心地付出、诚意地投入是生意得以促成的要素。千万不要以为你表达了全部的诚意，对方就和你一样有诚意。若是对方根本无意，那么再多的努力都是白费。所以，这里有一个我们必须学习的技巧——判断对方是否有足够的诚意。

客户无诚意的表现之一，即一上来就要样品，要价格。在外贸生意中，这种状况尤为常见。若是客户一接通电话就要样品和价格，可以说这种客户有70%都不是真正的客户。他们的目的大概有两种，一是把我们的样品、价格当作参照物，二是骗样品。除非我们的样品价格真的很有优势，否则客户很难主动成为我们的目标客户。

那怎样才是有诚意的客户呢？一般来说，真正的客户会先了解我们公司和产品的情况，也会详细地介绍他们公司的情况，在此基础上，他们才会谈价格和要求寄样品。而且，他们会谈到付款方式、交货期等交易条件。特别是当问价格时，他们一般会报上不同的数量以询价，因为不同的订购数量所得到的价格是不同的。此外，他们还会留下详细的联系方式，包括公司名称、地址、电话、传真、邮件、公司网站等。我们可以去验证他们留下的信息，如到该公司主页去查看，或使用搜索引擎进行搜索。相反，那些无诚意的客户一般为了掩饰身份，信息往往留得不全，或者是假的。通过这种方式我们可以去除一批无诚意的客户，还能防止受骗。

　　客户无诚意的表现之二，即总说"我需要时间考虑"。和客户谈论自己的产品，客户在整个过程中不发表意见，最后没有说不买，也没有说买，只说需要时间考虑。这其实是客户采取的不抵抗策略，他们不会直截了当地告诉我们他们没有兴趣或他们的契约已经签订，也不会拒绝我们的免费午餐。有时候，即便他们嘴上答应合作，却没有实际行动，这也是无诚意的表现。这时候，我们要么果断放弃，要么找到客户没有购买欲望的原因，重新引起客户的兴趣。

　　客户无诚意的表现之三，即"踢皮球"。生意洽谈时，对方不是做决定的人，他可能听完就表示"这件事我做不了主，要和上司商量"。事实上，他极有可能根本就不准备合作。所以，在商谈生意之前，我们必须先找到那个有权坐下来与你商务洽谈的人，或者对你的产品感兴趣的人。

　　遇到这种情况，我们可以这么说："我了解我的提议不是一个人可以决定的，您可能还要回去和同事或上司商量。那么当您讨论此事的时候，可否安排我在场呢？"若是对方根本无诚意，可能就不会传话，但偶尔我们也可能由此找到真正具有诚意的商务洽谈人。

　　客户无诚意的表现之四，即假意逢迎。在商务谈判时，双方应该都是抱着诚意而来的，否则谈判就没有必要，也没有可能促成。为了表示诚意，一般东道主会热情接待，安置舒适安全的环境，热情宴请。

　　由于谈判行为本身所具有的利己性、复杂性，因此为了取胜，谈判高手可能会利用营造真诚的方式来假意逢迎，迷惑我们。据说，日本商人就非常善用这种方式。他们会派专人到机场恭迎客户，安排客户住宿高级宾馆，热情地宴请款待。饭后，他们又特意安排一些娱乐活动。在这个过程中，每一个言行都表现得极其真诚，让人难以推辞。然而，当客户疲惫至极，还未缓过劲来时，日本商人就提出要谈判，结果客户往往有苦说不出，无力面对攻势。

还有一些人常赞美不断，事事表示顺从，比如"就您的威望来说，我们不敢提出异议"。这实则是利用客户的自尊心理的满足，让客户放松警惕。

所以，在商务活动中，我们要看破对方的逢迎，提高警惕，不能因为对方的假真诚而损害自己的利益。

除了上述所说，那些轻易许诺、爱吹牛、一再推托的人，是很少有诚意的。那些隔三岔五打来电话询问显得不放心的客户，往往是有诚意的，因为他们真心想达成交易，但又害怕上当，所以显得顾虑重重。

说来挺简单，做起来却不容易。我们必须多积累经验，并从中学到辨别的技巧。这样，我们才能从众多客户中找到潜在客户，或在谈判中占据优势。

读懂客户的几种笑语

微笑是面部最美丽的表情。在商务社交活动中,笑能表示友好和亲近,消除彼此的尴尬,化解即将发生的争执等。而且,观察不同的笑,我们能了解对方的心思和性格,做到知己知彼。

观察客户的笑容和笑态,能大致了解客户的个性和处世态度。

客户脸上若常常挂着笑容,他的性格是乐观、开朗、活泼,充满自信,且精力充沛。与这样的客户交谈,我们能够缓解紧张的情绪,或消除怒气,生意进行得也比较顺利。

为人比较谨慎,时常反思与检点自己行为的客户,在纵声大笑过程中,常会忽然收住笑声,属于自省派,比较理智。

有些女性客户大笑时如同男子一般爽朗,这表明她的性格是干脆直爽、热情友好,喜欢表现自己,对许多事情都津津乐道。

想笑却抑制自己不发出笑声的人,往往属于理智但非常精明的人。与他们商谈时,打情感牌是行不通的。

而笑得前仰后合的客户往往是乐天派,个性比较随意,不拘小节,纵使遭遇挫折,仍然勇敢面对。

若客户明明在笑,脸却是一张哭脸,嘴角无力下垂,那么他可能个性比较悲观,常常会心情忧郁,对任何事都很消极,对身边的事物也没有兴趣或不关心。

有些客户笑的时候,常用手背遮住嘴巴,这种笑常发生在女性身上,表示对另一方有亲近之情。所以，若是客户有这样的反应，那表示我们得到了客户的信任和好感。

而用手掩着嘴笑的客户，性格可能比较内向、沉默寡言，在生意场上爱挑剔，或者害怕别人提意见。如果是女性客户，则她的个性会非常矜持内向。

若客户笑的时候脸色变红，说明内心很不安，可能是因为"谎言被拆穿了"，或者"被击中痛处"而大吃一惊。此时，我们要营造出安乐轻松的气氛，避免对方树起防卫心理。

笑声不同，反映出的人的个性也不相同。

豪迈地笑与高声笑，表示其人性格开朗，从心里感到放松。但是，若是喜欢故意作势大笑，反而会有些别扭，这是因为他内心有强烈的不安，想以大笑来隐藏，不想让人看见他的真实意图。若是客户如此，那他可能并不像我们想象得那样大度。

闭上嘴巴，从喉咙里发笑，笑声会如冷笑、干笑，那么这种客户比较目中无人，可能喜怒无常，爱"以小人之心度君子之腹"，要特别警惕。

发出"呵呵"的笑声的客户常属于奔放热情的人，他们为人随和、讨人喜欢，而且愿意冒险，能抓住稍纵即逝的机会，多是商界的强者。

若是笑时鼻子向上掀，神情很轻蔑，这样的客户多看不起他人，喜欢打压对手，抬高自己。对于这样的客户，若是一味地谦让退避，反而更不受重视。

在观察客户的笑时，一个关键问题是，如何分辨对方的笑是否是真心诚意的。

科学研究发现，人的笑容受嘴巴周围肌肉和眼睛周围肌肉的控制。所以，想要判断客户的笑容是否真诚，要看嘴和眼睛的动作。一般来说，嘴笑但眼睛不笑的笑容，可以判定为虚伪的笑。若是嘴和眼睛同时笑，那么假笑的可能性也比较大。事实上，发自内心的笑是嘴先出现笑的动作，过一会儿眼睛才笑。还有一个更简单的办法，就是看对方笑时眼睛周围是否有细纹。如果客户笑的时候，只有嘴的四周出现细纹，那绝对是虚情假意的表现。这时候，你就要特别警惕了。他可能只是在附和你，或者心怀不安，或担心有事情发生等。

此外，简单的微笑在涉外商务活动中可能有着不同的意思。比如，在美国，微笑是一种非常热情的象征，因此他们喜欢笑逐颜开。而日本人则认为在谈判桌上随意微笑是不严肃的表现，甚至是恶意的嘲笑，因此他们在谈判中基本上不笑，只有在最后签约时才面露微笑。

不同的人，在不同的心态下，笑是不一样的。通过观察笑容去判断客户的性格，能帮助我们应对谈生意中出现的状况。

客户的手部动作给你的暗示

人的手部动作，承担着传递语言信息的功能。要想知道客户心里在想什么，不妨观察客户的手部动作，从中找出暗示。

观察客户的手掌动作，可以探知对方是否坦诚、友善。

著名的语言学专家皮斯夫妇发现，手掌向上，表示没有恶意，"我手里没有武器"，传达的是积极的、坦诚的、正面的信息。所以，当一个人嘴上说"老实说"，并同时伸出双臂，两只手掌心向上，暴露在我们面前时，他是坦诚的，是实话实说。

这可以用来判断客户拒绝我们的产品的原因是发自内心的拒绝，还是一时有难言之隐。如果客户是摊开手掌说一番拒绝的理由，那么他的肢体语言已经说明我们没有必要再多费口舌了。注意，人们不真诚时，往往会把手下意识地插到口袋里，或者两手埋在腋下。

若客户在与我们谈话时，手放在桌子上，那表示信任；如果对方把手藏在桌子下面，说明他心存戒备或感到紧张。有些善于伪装的客户，尽管面带微笑，说话也很好听，却把手藏在了桌子下面，这就说明他并没有敞开心扉。

手心向下，代表权威、命令，还有抗拒。当客户严正拒绝我们时，手心往往都是向下的。如果我们向客户推销产品，那么从对方的手心方向，可以判定对方是接纳还是抗拒，从而知道自己是应该少说点，还是换个说话方式。

两手摩擦传递的是一种积极的期待。比如，会场主持人摩擦着双手，是希望重要的嘉宾尽快赶到。

我们向客户介绍产品，若看到客户出现摩擦手掌的动作，那就表明对方已经产生需求和购买愿望。注意：手掌摩擦得越快，表示他的期待心情越迫切；越是缓慢，那证明客户心里还有矛盾，拿不定主意，此时我们要继续"添柴加火"，争取让顾客下定决心。

十指交叉扣在一起，常表示对方对你表达的意见持相反态度，他正准备着选择合适的时机反驳你。这时，你要准备应对对方的相反意见。

若客户整只手托着下巴听我们说话，是在发出信号——"我不想听了，我烦了"。此时，我们要尽快结束话题，或者转换话题。如果托下巴的姿势是单用大拇指撑着下巴，竖起的食指改贴到脸颊边，这表明他在认真听，并且边听边思考。

客户的手和手臂的姿势也藏着很多秘密。

一般当一个人感觉危险降临时，本能反应就是用手护住自己，以增加安全感，于是就有了双臂紧紧交叉抱在胸前的动作。因此，当一个人感觉紧张，或不愿接受别人意见，或反对别人意见时，就会摆出这种姿势。

某公司研制了一种硬度十分大的玻璃产品，可即便在市场营销方面投入了大量的人力物力，但仍收效甚微。此时，业务员齐昊却业绩斐然。

原来，齐昊能卖出产品，源于一次奇遇。

一次，齐昊拜访某经销商。恰巧经销商正在忙着接待一个老供应商，根本不理他。谁知，两名员工抬着一块玻璃进来时，一不小心撞到了齐昊，玻璃摔得粉碎。齐昊连忙道歉，说要赔偿。但客户很不高兴，两臂抱在胸前，让人把齐昊赶了出来。齐昊看客户态度强硬，就不再争辩，而是回去想对策。

两天后，齐昊又去拜访，客户两臂抱在胸前，讽刺他勇气可嘉。但齐昊并未生气，而是说："上次玻璃的事情我真的很不好意思。不过这也证明了一点，那玻璃实在不结实。我们公司的产品您也有所耳闻吧，那我现在展示一下。"说完，齐昊就用锤子用力地砸自己带的样品。客户看到玻璃丝毫无损，竟松开双臂，走上前来。齐昊见此，知道事情已经成了一大半。最终，齐昊顺利地拿下了第一份订单。

当我们与客户交谈时，若对方摆出了双臂交叉的姿势，我们就应该立刻反省："是不是我说了一些与对方观点不同的话？或者我说的话是否有让对方误会或怀疑的地方？"因为对方已经用身体语言很诚实地表达了不赞成。所以，我们一定不能将这个话题继续下去。

如果对方在双臂交叉抱于胸前的同时，两只手也紧紧地攥成拳头，夹于腋下，那表示他有强烈的敌意。此时，我们一定要采取比较缓和的方式阻止事态进一步恶化，否则会引来口舌之争。

此外，双臂打开，双手紧扣，放在背后，意味着为人坦诚，因为这种姿势相当于在对人暗示他没有什么需要自我保护的，这种人一般也比较自信；如果对方频繁地挥动手臂，很可能说明对方非常情绪化，或者很生气，已经到了无法自控的地步。

从手部动作，我们常常能看出客户的性格特征，这有助于我们因人制宜地采取应对策略。

草率握手的人，一般都缺少诚意，做事不值得信赖。握手时上下不停地摇晃，表示此人非常乐观，他们的积极热情常常能获得人们的爱戴。握手时，双手握住对方的人，心地善良，最能推心置腹。另外，若掌心出汗，这种人大多易于冲动，容易处于紧张和不安状态。

另外，从客户拿杯子的不同手势，也能看出他们的个性特点。举个例子来说，把杯子紧握掌中，拇指用力顶着杯子边缘的人一般非常有主见，不容易屈服。总是用手捂在杯子上面的人非常善于伪装自己。与这种人打交道，我们要小心。

　　手部动作还有很多，传达的信息也多种多样。如果我们能牢记上面的提示，并通过生活积累经验，就能够洞察客户的心理秘密，那么我们自然就能抢先一步，占据有利位置了。

客户眼神里的秘密

眼睛是心灵的窗户，视线的移动、方向、集中程度等都表达了人们不同的心理状态。在谈生意时，通过观察客户眼神的变化，我们能洞悉对方的内心世界。

一般来说，客户与我们视线接触的时间长短能反映他对我们的谈话是否感兴趣。美国心理学家通过实验证明，人们视线接触的时间，通常占交往时间的30%到60%；低于30%，表示对谈话根本没有兴趣；超过60%，表示彼此对对方的兴趣可能大于交谈的话题。

在具体谈话中，各种眼神又有什么暗示呢？

眼神总是瞟来瞟去的，是一种不专心、心虚的表现。若是我们此时正在滔滔不绝地介绍产品，不妨停下来，征询客户的意见，引导客户参与到谈话中，以了解客户真正关心的问题。

客户若是盯着包装精美的产品看，那么销售人员可以通过产品展示等方式引起客户的关注；一旦发现客户眼睛一亮，那就说明客户对我们的产品有兴趣。而客户若不屑一顾，说明他对我们的产品或服务不认可，此时，最好询问客户的需求，并提供适合他的产品。

眼神沉静，说明客户已经考虑完毕了，此时我们可以虚心请教。要是眼神散乱，那就表示对方也没有办法，此时我们若能积极地为对方出谋划策，解决客户的难题，就能获得客户的信赖和感激。若客户的眼神异于平时，意味着他想制造点麻烦。所以我们要保持警觉，时刻小心客户的言行，千万不要相信对方的甜言蜜语。

若客户的眼神中充满着愤怒、不满和厌恶，可能一触即发，如果我们是肇事者，赶快赔礼道歉吧！客户若露出威严十足的神情，让人不寒而栗，此时，我们一定要态度坚决，即使早已吓得手脚发抖，依然要保持风度，坚持到底，临阵逃避不能换来客户的认可和信赖。

若交谈时，客户闭上了眼睛听我们说话，此时客户是不是对我们的话不感兴趣呢？业务员黎塘拜访客户，开始介绍产品时，客户却向后靠着椅子，还把眼睛闭上了。黎塘心里非常不安，心想："我这样热心介绍，客户到底有没有在听啊？是不是客户不感兴趣呢？"

事实上，心理学理论认为闭上眼睛是人想集中注意力或者做出重大抉择时，因不想被外界信息打扰而有意识地采取的阻断外界干扰的行为。尤其是面对重大项目需要做出决断时，客户闭上眼睛思考是很常见的，这说明他们非常认真。当然，也有可能是他不想让我们发现他正在思索对公司更有利的对策而故意闭上眼。

与重要客户谈生意时，在我们不断地据理力争下，一向非常沉稳的客户却开始频频眨眼，眼神不连贯，这是怎么回事呢？心理学研究发现，人在紧张时，会无意识地增加眨眼的次数。换句话说，若一个人突然频频眨眼，那说明他正处于紧张、不安的状态。对于我们来说，这是一个绝好的机会。如果我们能趁客户心虚时发动进攻，强烈表达自己的想法，往往能收到意外效果。

注意：眼神表达的信息的含义是因文化而异的。例如，美国人若敢于正视对方，传达的是诚实和正直，是感兴趣的表现。但是，在日本，目光接触得越少，越表示对对方的尊重。一位英国商人曾向朋友抱怨他的日本合作伙伴，说："他和我谈话的时候，总是不看着我，眼神游移不定。且不说这对我不尊重，更让我烦恼的是，我根本不知道他在想什么。这常令我担心和不知所措。"这就是没有入乡随俗而造成的困扰。

　　眼睛和眼神能反映出一个人的性格。眼神明亮、目光炯炯的人大多聪明伶俐，积极向上。相反，经常睡眼惺忪的人性格优柔寡断，无法专心，遇到这样的人应该多想办法引起对方的兴趣。视线不集中在对方，很快移开视线者，多为性情浮躁之人。一旦被对方过分关注，便立刻移开视线者，大都有自卑感。

　　眼神是了解一个人内心活动的最好渠道，客户的精神状态，客户的赞同、反对等，统统都会从他的眼神中流露出来。所以，我们在与客户交谈时，要留心观察对方的眼神，这样就不会被客户的语言所蒙蔽。

客户频繁点头究竟是什么意思

　　头部集中了所有的表情器官，人们常常最先注意这里。因此，想知道别人想什么，就得从"头"开始。

　　点头是商务活动中最普遍的动作，一般表示"同意""关心"。但是，是不是所有的点头都是如此呢？

　　一次商务交谈中，某业务经理在详细地讲解活动安排，客户一直在热心地听取介绍，还不停点头，一切看起来都很和谐。

　　但是，这位业务经理心里却打着鼓："客户似乎对我的话非常感兴趣，可是，他为什么不管我一句话说没说完就频繁点头呢？这到底是同意呢，还是有什么其他意思呢？"

　　点头这一动作，一般来说，代表肯定的态度。当客户在和我们说话时，适时做出点头动作，传递着"我很赞同你的观点"或"我很有同感"等意思。这种点头，经常发生在我们一句话说完的间隙，或者主动征求对方意见时，对方点头，表示自己感兴趣，正在认真听，而且同意。

　　但是，机械地应和，频频点头，至多表示形式上的敬意和礼貌，实际上对说话的内容"不同意""没兴趣""觉得无聊"。就拿上面的案例来分析，客户不分时机地点头，不管对方有没有说完，也不管有没有征求意见就点头，实际上是感到厌烦。他想通过点头催促对方赶紧把话说完，好让自己尽快摆脱这段无聊的时光。所以，此时千万不要窃喜，以为生意快谈成了。我们要察觉到客户听得不耐烦了，赶紧转换话题，重新引起客户兴趣。

房地产经纪人范玉娟很善于从客户的肢体语言中捕捉别人的真实意图和感受，并十分贴切地做出相应的回应，继而成功地抓住客户。

一次，范玉娟和一位同事接待了一对看房的小夫妻。当对方说了自己的要求和心理价位后，两人便先后向对方推荐了两套房子：一套面积大点，装修不错，但距市区较远，周边的配套设施不是很齐全；另一套面积没第一套大，装修差不多，但地处闹市区，周边的配套设施很完善，旁边还有大型购物商场。

在介绍时，范玉娟发现那位妻子听第一套房子的情况时，虽然点头但动作太过频繁；而介绍第二套房子时，对方虽然没什么明显的举动，但那位妻子的眼睛忽然亮了许多。于是范玉娟明白，对方喜欢的是第二套房子。

于是，范玉娟没有像同事那样夸第一套如何好，而是直接把第二套房子的主要优势介绍给对方。结果，她几乎没费什么口舌就轻松地和对方签下了购房协议。

一般来说，个性唯唯诺诺的客户，若是打定主意不买，那么不管生意人说什么，他们都会为了提早结束介绍而随便点头附和，以让生意人自己死心。面对这种客户，单刀直入地问"为什么今天不买？""还有什么疑虑？"反而能起到突袭的作用，让客户说真话，从而发现客户的真正需求。

还有一种点头的情形：客户在听我们讲话，也会时不时地点一两下头，但是，点头的动作与情节不合拍，有时候话音都落很长时间了，对方才敷衍地点一下头。这证明对方并没有专心在听。

摇头也是最普遍的头部动作，通常表示否定"不"的意思。在与客户交谈时，客户若是嘴里肯定地回答你，但是你发现他的头部并没有点头的动作，甚至伴有摇头的迹象，那说明客户是"口是心非"。他的肢体语言流露出了否定的心态，至少可以断定他没有诚意。在接下来，我们应提防对方的反驳，或者再多问些问题，以便更客观地评价对方的真实想法。

心理学认为，头部向前，表示倾听、同情或关心。如果客户歪着头，身体前倾，做出用手接触脸颊的思考手势，那么我们可以确信刚才的发言起到了积极的效果。

头部向后，则表示恐惧、迟疑和退让，或是想要释放什么，"仰天长叹"就是这一典型。低头向下，往往说明一个人对谈话内容不感兴趣，或者持否定态度，想通过回避目光交流的办法，隐藏自己的想法。在商务活动中，这种身体语言非常不受人欢迎。当客户头部向后或向下时，我们得赶紧提高音量，讲个笑话，缓和一下气氛，把对方的心拉回来。

当客户把脑袋偏向一边，说明他对谈话内容很感兴趣，正在集中注意力，全神贯注地倾听，所以这是人们常说的"侧耳倾听"状态。

此外，在涉外生意中，要关注客户独特的"同意"方式。比如，印度人总是先把头往左或右轻轻地斜一下，然后立刻恢复原状，令人以为是"不愿意"，其实是表示"知道了"或"好的"。

当然，还有一些很细微的头部动作需要我们仔细观察分析，才能发现其真实意图。若是掌握了这种洞悉客户心理的方法，那么谈生意时往往能"说到对方心坎上"。

脚部动作泄露的小秘密

与表情和手势等身体语言的其他信号一样，脚部动作也传达着丰富的信息。仔细观察客户的脚部动作，能帮助我们了解客户的态度、秘密和性格。

曼彻斯特大学心理学系教授杰弗里·贝蒂通过多年研究，称观察一个人移动脚的方式，可以一窥此人的内心世界。比如，脚部转动的方向，尤其是脚尖的指向，可以表明一个人是否想要离开。若是正在与我们交谈的客户，他的脚尖已经不再对着我们，而是指向门的方向，那就意味着他有急事，要马上离开。此时，我们应该知情识趣地告辞，约定下一次见面。

如果客户开始频繁地踢脚尖，那我们就要警觉到客户已经开始心不在焉了。美国心理学家罗伯特·索马发现，当一个人被过多地侵入内心世界时，最初的拒绝方式是频繁地踢脚尖。此时，我们要做的是转移话题，引起对方的兴趣，让对方多说。

若客户用脚尖点地板，是在"告诉"我们不要再继续侵犯他的"领地"。所以，此时最好保持这个距离不动。如果客户在拒绝时，双脚完全静止，安分得有点过分，那表示他正在说谎。

将脚与腿的动作放在一起分析时，我们会看到更多信息。其中，抖腿这一动作是最能表示出一个人心理状态的代表性动作。当客户心理紧张、焦虑时，就会频繁抖腿。反过来说，如果客户频繁抖腿，就说明他精神紧张或焦躁不安，我们应该根据这一情况做出适当的判断或应对。

张越按照约定时间去拜访老客户梁总,并带了一些公司的新样品给对方。

张越走到半路,发现自己忘记带手机了。但他想已经快到梁总公司了,不再确定时间也不失礼。谁知,就在张越进门前5分钟,梁总接到亲友通知,父亲从云南来看他,他必须到机场接机。梁总想和张越也不会聊太久,所以就没有打电话改时间,而是收拾了东西,准备见完张越就去机场。

两人见面后,梁总发现了一些新的设计,这些新设计不是一时半会儿就能解释清楚的,他一着急,不自觉地抖起了腿。

张越从办公桌的侧面看到了梁总的腿部动作,明白了梁总现在一定有什么事情需要处理。后来,他又看见了放在办公桌上的小皮包,确信了自己的猜测。

于是,张越就放下手里的资料,说:"梁总,您是不是有急事要办啊?我是不是耽误您时间了?我们的事情改天谈也可以,您先忙您的。"

梁总一听,就如实说了自己的事情。张越赶忙道歉,梁总也歉意地说:"那我们就改天约个时间再谈。今天让你白跑了一趟。"

我们经常会看到客户翘起二郎腿,或者一只脚的脚踝搭在另一条腿的膝盖上。此时,客户的心态是不服输或者争胜,说明我们的介绍和解说还没有打动客户的心。我们要换一种方式去让客户明白我们产品的优点。

一个人在站着、坐下、走路时脚部的不同姿势,都透露着这个人的个性特征。

站立时,两腿分开,通常表示稳定、自信,有接受对方的倾向;两腿并拢,看上去过于正经、严肃,会传递出一种紧张、压抑之感。坐下时,脚张开,说明是一个开朗的人;若是手脚都向身体靠拢,说明是个内向的人;若是女性翘二郎腿,可以看出这样的女性比较大胆,对自己的容貌方面很有信心，同时她非常地想要显示自己。

行走时，走路健步如飞的客户，大都热情，活力充沛，比较爽朗率真，但也有些性急。走路时步伐沉稳的人都比较成熟老练，能够像牛一样忍辱负重，吃苦耐劳，应当妥善应对。有些看上去不怎么斯文的人走路时却小心翼翼，这说明他并不粗枝大叶，而是心细精明。若走路时，步履十分轻松，抬头平视，不东张西望，身体挺直平稳，那么这是一个心胸坦荡、正直、充满自信、做事专心致志、认真刻苦的人，可以与之多多交往。此外，若客户上楼梯时，总是喜欢一次跨过两三个台阶，那说明他的个性可能比较浮躁，做事缺乏耐心。

尽管腿和脚距离人的大脑比较远，但很多时候脚部的秘密语言表露了对方的性格特征、情绪和心理状态。如果你能够捕获他人腿部的动作，就能发现客户潜藏的内在信息了。

第九章 —— Chapter 9

劝君更进一杯酒，
教你在酒桌上谈生意

给生意宴请找个恰当的理由

俗话说，办宴容易请客难。客人们都秉持着"无功不受禄"的心理，没有合适的理由，不敢同意赴宴，生怕"宴无好宴"。因此，要想让客户心甘情愿地赴宴，最好给对方一个恰当、能接受的理由。

一般来说，生意宴有两个目的：一是为了联络感情，疏通人际；二是为了促成生意。但是，不能说得那么直白功利，毕竟谁都不愿意费时费力去应付一桌动机明确的饭局。在说理由的时候，不妨找一些诸如有喜事要宣布、有好东西要分享之类的理由。

以宴请某公司的唐总经理为例，我们可以采用以下说法做宴请理由。

"唐总，今天实在感谢您对我们公司产品的指教，晚上我来做东……"

"唐总，您是咱们行业大师级人物，可不可以给我个机会和您找个地方进行技术交流……"

"唐总，上次听说您到我们这儿出差，时间忙也来不及上我们公司看看，这次我无论如何得请您，补一补地主之谊……"

"唐总，我的朋友刚从法国旅行回来，带回一瓶顶级红酒。您是这方面的专家，想请您来品鉴品鉴……"

当然，邀请别人要因人而异，性子直的，可以来个开门见山。直接对他讲出邀请，说出自己的目的。喜欢搞气氛的可以来个借花献佛，想一下最近有什么开心的事，邀请他一起祝贺一下，当然，如果没有，可以自己编一个。

某公司的业务员魏霖常驻天津市场，他几次想请该地区的客户徐总一起吃饭却总被婉拒。

几经打听，魏霖才知道徐总原是天津师范大学的一名教授后来下海经商，对于那些请客吃饭的方式很反感，因此一般不参加商务宴请。

但魏霖了解到徐总工作之余喜欢听交响乐和吃西餐。于是，他找到了机会，请徐总到北京听意大利交响乐团的演出，并在之后的午餐上从音乐欣赏开始聊起，聊得十分投机。从此，两人成了"忘年交"。

有时候，我们可能会遇到一些非常难请的客户，对方甚至一再婉拒。一般，这样的客户戒心比较重，我们要首先打破对方的心理防线。因此，采用暗度陈仓的方法比较合适。

方旭多年来一直想请客户李主任吃饭，但是对方一直都说忙。一次，他打电话给客户，是李主任的妻子接的，说明来意后，李主任夫妻竟然请方旭到他们家吃，弄得方旭很尴尬。后来，另一位朋友教了他一个办法，终于让方旭请到了客户。

过程是这样的：方旭先在吃饭时间提前打电话，问李主任今天有没有空，借口说要到他公司附近办事，可能会去拜访他。李主任同意了。然后在吃饭前半小时，方旭又打电话给李主任说自己正在路上，要晚一点，请稍等一会儿。方旭在吃饭前赶到了，他和李主任聊得起兴，时间又正好到了晚餐时分。于是，他对李主任说："这样吧，我们找个地方坐坐，好吗？"

李主任看了看时间，终于点头同意了。

在和客户聊得开心，而时间却"正巧"到了吃饭的时间，这时候提出邀请客户一起吃个饭，既自然又合理。如果客户犹豫，我们一定要坚持，并强调只是一顿便饭，不要让对方有负担。

如果客户住的地方离你较远，不妨采取喧宾夺主的方法，事先调查一下他所在的环境，在他家附近找一家有特色、符合他身份的饭店，然后打电话给他，告诉他你在他家附近。

如果是客户来到你们公司，你可以用拖延法，等到饭点的时候顺水推舟，邀请他一起吃个饭。

如果你之前邀请过他的话那就简单多了，可以先回顾第一次共进晚餐时的美好回忆，然后话锋一转，问一下对方有没有时间。

如果是男士要邀请女客户，一般对方不会赴约。此时，如我们已经成家，那可以这么说："正值假期，我和妻子想请您吃个饭。"如果知道对方结婚了，或者见过对方的配偶，可以说请客户夫妻吃饭。

一般邀约一两次，对方不一定会答应赴宴，这就是考验我们诚意的时候了。如果这个客户很难请，那就不停地邀请。比如每次到了该客户的公司，就邀请一次，如果拒绝你到十次以上，对方肯定知道你的诚意，也不好再拒绝了，至少会答应赴一次约。

请客吃饭一定要表现得大大方方、光明磊落，要让客户觉得你的理由非常正当，有凭有据才好。只要他不拒绝你，你就成功了一半。

与客户进餐的时候，不要再谈公事

俗话说："酒桌之上好说话，杯子底下好办事。"在饭局上，尽管喝酒吃饭比较重要，但实际上是"醉翁之意不在酒"，饭局的核心是谈话。那到底什么该说，什么不该说呢？

酒桌上不谈公事，是不成文的规矩。无论是私人关系还是公务关系，饮酒进餐氛围下谈公事往往不会有好的效果，甚至会让对方认为我们办事不够严谨。应酬话题应该是那些轻松愉快的，能拉近彼此之间心灵距离的。它能帮助我们和对方建立友谊或工作之上的私人关系，赢得对方的好感，这才是促成生意和合作的基础。

一位经历过十几年商务饭局的生意人说："我曾见过有人一味奉承低俗，有人的话题天高海阔、不着边际，有人黄色段子层出不穷，有人自言自语、狂妄自大，也有人穷追不舍、誓达目的……这些都令饭局索然无味。"所以，要想在饭桌上引起众人谈话的兴趣，如家庭情况、个人爱好、风土人情或自己的独特经历都是不错的话题选择。

在饭局中，作为主人，我们不可能开席就单刀直入，一般要由浅入深地引入不同的话题。

在客人刚到饭店或包厢时，他们都还未进入饭局状态，此时主人不要急于跟客人说太多的话，话题应以寒暄为主，目的在于给双方一个缓冲。比如，表示欢迎以及感谢赏脸、路上的交通状况、餐馆的位置是否难找、以前是否在此用过餐及评价。如果被邀请的人员没有一起到来，便应询问原因。若是有新成员参与，应让熟识的客户做个介绍。这些话题，非常容易回答，也为接下来的交谈打好了基础。

真正的饭局一般是从双方坐下等上菜的时候开始的。此时，客人都是静等主人说话，而身为主人，我们可以以半正式的话题说明此次宴请或聚会的目的。比如："听说这家饭馆的菜做得很有特色，特意邀请大家品尝。""经常麻烦某人照顾，特意一起吃饭表示感谢。""为了欢迎某客户风尘仆仆从外地赶来洽谈生意，特意做东招待。请大家一定要随意。"这样说既淡化了大家心照不宣的饭局目的，又能让在座的放开拘束、放松心情。

接下来，大家还可以谈谈喝什么酒，有什么特别想吃的菜，如果是外地客户，问问是否来过这里，介绍一下今天的特色菜。或者，我们拿自己到外地或者国外吃饭时闹出的笑话来博客人一笑，并尽量让客人讲出他们的见闻或经验等。

正式上菜后，大家的精力都会集中在品尝菜肴上。所以，此时主人要主动多谈，少问客人一些。此时的话题，要选择没有太多功利性和倾向性的，比如足球、篮球、排球、网球等体育赛事，奥运会、油价、房价等时事新闻，热门电视剧、欧美大片、喜爱的明星等娱乐趣事，旅行的见闻，养儿育女心得等。这些话题，总有一项符合在座的客人，有助于他们各抒己见。

当然，若大家开始比较拘谨，我们可以和相熟的人主谈，引起其他客人加入。若是都不熟，可以观察谁最善谈，并以对方为突破口，联合创造一些话题。注意，不要因为某些客人比较内敛沉默就忽视他，这会给人厚此薄彼之感。最好每一位客户都能照顾到。

酒足饭饱，众人即将离席时，是点明或暗示此次饭局真正目的的最佳时机。此时，我们可以根据自己的目的，对客人点明主题。因为客人愿意赴约，心中就已有数，所以也不必多说，给出暗示即可。如："愿我们接下来的谈判能够顺利,达到双赢。""保持联系,过两天去办公室拜访你,之后的申请有劳操心了。""希望此次合作愉快。事成之后,我们去海边吃海鲜庆祝。"

  为了让我们在喝酒时更有话题可聊,在参加酒宴之前,我们要先为酒桌上的话题做点准备。首先,准备三个参加酒宴中多数人都熟悉的话题、问题或故事,再准备四个常见的问题备用。其次,想好每个话题可能引起的其他问题以及我们对它们的看法。这些话题一般来自我们丰富的生活见闻。所以,为了积累话题,平时我们可以把自己看到的趣事记录下来,多看新闻、书籍、体育比赛或电影等。如果与陌生人进餐,根本不了解对方的兴趣或爱好,最简单的是从我们吃的东西聊起,比如川菜、湘菜、鲁菜等,把菜的特色或故事变成话题,再从聊天中发现对方的兴趣点。

  谈什么比饭局上吃什么东西还重要。我们要多察言观色,积累见闻,如果能运用诙谐幽默的语言让进餐气氛活跃愉快,那就能给客户留下很深的印象,使人无形中对你产生好感。

学好斟酒，开局大吉

喝酒有很多礼节，斟酒也非常有讲究。做好斟酒，能为客户留下好印象。

中国传统的斟酒方法是斟酒者右手拿酒壶，左手按住壶盖斟酒。现在的酒都是瓶装，在斟酒时我们仍要用右手。主人为来宾所斟的酒，应是本酒局中最好的酒。斟酒时，我们要站起来，从客人的右边斟酒，然后右手持酒瓶，让酒瓶上的商标全部暴露在外，中指齐瓶签处，食指朝上抵住瓶颈，徐徐倒出。斟完一杯，应把瓶口向上抬一下，以免瓶口的余酒滴到桌布或宾客的衣服上。

如果是从冰桶里取出的酒瓶，应先用巾布擦拭干净。有些红酒要保持较低的温度，因此必须用餐巾裹着酒瓶倒酒，以免手温使酒升温。斟一般酒时，左手持一块折成方形的餐巾，右手握瓶，即可进行斟酒。注意：斟酒时，我们的身体应当做到既不要紧靠客人，也不能离得太远。

斟酒时，无论斟哪种酒，酒瓶的瓶口都不可沾贴杯口，以免有碍卫生及发出声响。一般，瓶口最好在杯子上方2厘米左右，斟汽酒或冰镇酒时，二者则应相距5厘米左右为宜。若是桌斟，不应拿起酒杯，而应持瓶向放在餐桌上的杯中斟酒。

瓶内酒越少，出口速度越快，斟倒时容易冲出酒杯，因此，我们要掌握好酒瓶倾斜度，使酒徐徐注入酒杯。在斟倒啤酒时，速度要慢，最好让啤酒沿着杯边流入杯内，这样可以使杯中倒满，避免产生大量泡沫。

为客户斟酒，是有顺序的。主人一般先从第一主宾的位置开始，按照顺时针方向绕餐桌依次进行。如在座的有年长者，或有长辈、远道来的客人、职位较高的人，要先给他们斟酒。另外，由于宴会的规格、对象、民族风俗习惯不同，因此斟酒顺序也应灵活多样。比如，宴请亚洲客人时，主宾是男士，主人应先斟男主宾位，再斟女宾位，最后为自己斟酒，以表示对来宾的尊敬。不过宴请欧美客人时，则应先斟女主宾位，再斟男主宾位，以表示对女士的尊重。不管如何，要面面俱到，一视同仁，切勿有挑有拣，只为个别人斟酒。

斟酒时，我们常说"满上满上"，是不是酒都要倒"满"才行呢？我国斟酒虽然强调"满"，但此满不等于溢出酒杯，否则，客户不但难以端杯饮用，还会弄脏桌布。

斟酒斟多少是有标准的。一般中国白酒八分满；红葡萄酒入杯 1/3；白葡萄酒斟入杯中 2/3；香槟酒斟入杯中时，应先斟到 1/3 处，待酒中泡沫消退后，再往杯中续斟至七分满即可；冰水入杯一般为半杯水，加入适量的冰块，不加冰块时应斟满水杯的 3/4。斟啤酒时，瓶与酒杯呈直角，一直斟到泡沫上升到杯口为止。稍候片刻，待泡沫消退一些后，再次向杯子正中斟酒，直至泡沫呈冠状，高出杯口。

酒宴进行中，我们要及时为客户添酒，这时要注意时机。我们最好在客人干杯前后及时为宾客添斟，还有每上一道新菜后要添，客人杯中酒液不足一半时也要斟。此外，客人互相敬酒时，要随敬酒宾客及时添酒。

如果作为客户，主人为自己斟酒，此时我们要起身或俯身，以手扶杯或欲扶状，以示恭敬。或者，当主人给我们斟酒时，行"叩指礼"，即把拇指、食指、中指捏在一块，轻轻在桌上叩几下，表示感谢。

总之，斟酒是一门艺术，要想斟好酒，就要把握快、稳、慢、旋四字诀，做到有礼有序，让酒席气氛融洽。

碰杯、敬酒，要有说辞

酒桌上，碰杯、敬酒，都要有说辞，这就是祝酒词。千万不要小看这一两句话，没了它，对方怎么好意思平白无故地喝我们敬的酒呢！若是祝酒词说得好，那就能句句引导客人跟上我们的思路，圆满地达到生意宴请的目的。

敬好第一杯酒是酒宴酒局的一个良好开端。若我们是主人，第一杯酒一般要敬给在座的所有客人，话语要包含祝福。第一杯酒的目的是为了营造欢愉的场面，因此我们要做到有礼貌，饱含热情。

某公司为了欢迎合作企业董事长一行到来而举行宴会。

宴会开场时，该公司董事长举起酒杯，面带微笑，说："尊敬的周董事长，各位贵宾和同仁们，大家晚上好。周董事长与我们合资建厂已经两年，今天亲临我厂，对生产技术、经营管理进行指导，我们表示热烈欢迎。让我们举起酒杯，祝双方友好合作，生意更上一层楼。"

祝酒词开头应对宾客的光临表示热烈欢迎；然后根据双方的关系，回顾相互交往的历程，阐明宾客来访的意义，展望美好的未来；结尾应再次表示欢迎，并预祝来宾做客愉快。比如："'有朋自远方来，不亦乐乎。'我提议，为今后我们之间的进一步合作，为我们之间日益增进的友谊，为大家的健康幸福，干杯！""今晚大家欢聚一堂，我希望大家不要拘束，共同度过一个美好的夜晚。请举起酒杯,干一杯!"

若不是正式的大型宴请,而是与客户酒桌上沟通感情,或者是个人敬其他单个人时,那么祝酒词和劝酒的话应非常简练。

向生意场上的朋友敬酒时,可以说:"日出江花红胜火,祝君生意更红火。"

请在座的女士喝酒,可以说:"这里的山这里的酒,这里的女士真是美。"而请在座的男士喝酒,则可以说:"这里的酒这里的菜,这里男士也挺帅。"

若在酒桌上遇到同乡,则可以说:"骏马奔驰跑边疆,人在异地遇同乡。酒逢知己千杯少,谈及往事情更长。"

祝酒词和劝酒词要尽量口语化,若是祝酒词说得如同做课题一样正式,会让在座的客人感到紧张。那些贴近生活的语言,能让人感觉亲切,让酒桌氛围更加舒服。当然,这不是意味着说辞都要非常俗,而是说语言流畅、非常顺口。

引用一些名诗或名言,加上自己的组合,见机而作,能达到妙趣横生的效果。比如,请酒量好的客户喝酒,可以说:"朝辞白帝彩云间,半斤八两只等闲。"请对面的朋友共饮,可以说:"床前明月光,疑是地上霜。举头约对门,喝酒喝个双。"

若是实在找不到敬酒的说辞,可以借助酒桌上饭菜的菜名来祝酒。比如:"各位朋友,这是本地最著名的香酥鸡。它不仅色、香、味俱佳,还能带来吉祥如意。你们看,吃鸡头,一鸣惊人;吃鸡脖,承上启下;吃脊背,不负众望;吃胸脯,胸有成竹;吃大腿,脚踏实地;吃鸡爪,步步登高;吃鸡翅,展翅高飞。来,请大家共同举杯,为合作顺利干杯!"同样,有鱼也可以这样说:"吃鱼头,独占鳌头;吃鱼眼,珠玉满目;吃鱼骨,中流砥柱;吃鱼背,倍感亲切……"如果我们细心观察,会发现餐桌上还有很多可以拿来作为祝酒、敬酒的题材，只要用心，就不用为祝酒词发愁。

在宴会或酒局的最后，一般常由客人一方向主人一方致谢。若我们是被宴请者，此时敬酒可以这么说："……今天的酒宴好极了。大家都吃得舒心，喝得开心，同时有机会相互熟悉和交流。在此，我谨代表我方所有人敬你们一杯。"还可以说："感谢刘董事长的热情招待，我们度过了一个愉快的夜晚。希望两家公司的合作成功。请举杯共饮。"

应酬时，一般都是即兴祝酒，这很大程度上考验了一个人的语言组织能力和应变能力。为了能在关键时刻说好祝酒词，博得满堂彩，平时我们需要多收集一些这样的说辞，或者研究一些名言和警句，并根据当时酒宴的主题或客人的情况，进行修改。若是根据一个场景的需要而能立即以不俗的言辞、精巧的组合、恰到好处的风度举杯，一定会收到良好的效果。

总之，祝酒词和劝酒词是控制宴会气氛、掌握宴会节奏、实现宴会目的、保证宴会效果的关键，我们要好好学一学。

敬酒分主次，谁也不得罪

在酒桌上，敬酒一定要考虑好主次和顺序，否则很容易得罪人，让气氛不快。那敬酒应该按什么顺序呢？

正式酒宴，要先由主人向列席的来宾或客人敬酒，会饮酒的回敬一杯。若是规模比较大的宴席，主人可依次到各桌敬酒，而各桌则派一位代表到主人所在的餐桌上回敬。

若是一般的酒局，敬酒应以宾主身份、年龄大小、职位高低等为序，按顺序敬酒。

主人举杯前致词，第一杯全桌同饮。哈尔滨、南京等地，为表达对宾客的盛情，主人要先与全桌同饮三满杯。然后，应由主陪开始敬宾方酒，再是副主陪敬酒。注意：宴请宾方时，应热情向宾方敬酒，并说一些祝福或感谢的话，以表达心意。即便酒桌上有自己的老板或上司，我们也不能首先向自家人敬酒，这样会冷落宾客。

新上任的销售经理王朝和老板一起招待来访的各位经销商。

酒席开场后，王朝举起酒杯，面对自己的老板，说："唐总，我要敬您一杯，谢谢您对我的培养与信任……"话音未落，唐总就打断了他的话，责备道："怎么能先给我敬酒呢？应该先给各位老板敬酒，他们是我们的客户，是'上帝'啊。"

王朝这才反应过来，立马转换话题，说："不好意思，各位老板。梁老板、周老板、徐老板，我敬各位一杯，作为我们公司的代表，谢谢各位老板对我们公司的信任，也感谢大家对公司产品推广的帮助。"各位经销商马上附和："太客气了，祝我们合作愉快，大家财源广进吧！"

就这样，酒桌上的氛围活跃起来。

等主人一方敬过一轮后，客人一方开始向主人回敬酒，以示感谢。客人中的主要领导向主人敬酒，然后依次向主陪、副陪等人敬酒。

客人间互敬时，敬酒的原则可以按照职位高低、年龄大小来敬。一般情况下，长者均是尊者，尤其是在家庭宴会或朋友聚会中。但是在商务应酬的酒桌上，年龄却不是一定的标准，此时实行的是职务低的人向职务高的人敬酒，或者一般人向重要人物敬酒，比如酒桌上有重要领导、著名人物、贵宾等。

若是和不熟悉的人一起喝酒，要首先打听一下在座其他人的身份或是留意别人如何称呼，避免出现尴尬或不尊重人的局面。如果我们是客人，可以根据主人一方敬酒时的顺序回敬。

如果是对在场的人职位高低、身份高低等都不清楚，可以按统一的顺序，比如从自己身边开始逆时针方向敬酒，或从左向右敬酒，以做到合理公平。注意：此时"宁落一群，不落一人"。若是其中一个人被落下了，那他会感觉自己没有得到重视，伤及双方的感情。

有时，有求于某位客户的时候，我们可能会对其倍加恭敬。但是，在酒席上，若是有更高身份的人，则不应该只对能帮你忙的人毕恭毕敬，也要先给尊者、长者敬酒，不然会使大家都很难为情。

女士若是主人，难免要先向所有人敬酒。但若不是，那女士不宜主动先向男士敬酒。

向外宾敬酒时，要主随客便，可以敬酒，但不宜劝酒，喝多喝少全由客人自己掌握。而且，我们一定不能劝女宾干杯。

　　需要注意的是，无论是哪一种宴请，若我们作为客人，千万不可主人敬酒未完，或比我们重要的客人尤其是坐在主人身旁的贵宾还未敬酒时，就已经站出来敬酒了。这是对主人和贵宾的不尊重。

　　敬酒要想谁也不得罪，分清主次、弄清在座人的重要顺序非常重要。有礼、有序敬酒，才能获得别人的好感。

以茶代酒时，如何打好圆场

"我酒精过敏，不能喝酒，可上了酒桌，难免要敬酒喝酒，怎么办？"

"我是一个女孩子，三口酒醉，不能喝酒，可客户有时候非要敬，如何应对他们的敬酒呢？"

"我喝酒伤肝都住了好几次医院了，医生反复叮咛不让喝。可我是生意宴请的主人，还要祝酒，不喝不行，真为难。"

……

不少人不胜酒力或不能饮酒，参加酒局时难免就会发愁。古人面对这个问题时，是怎么办的呢？据《汉书·楚元王传》："元王敬礼申公等，穆生不嗜酒，元王每置酒，常为穆生设醴。""醴"泛指度数最低的甜酒或以茶代酒。也就是说，不善饮酒者，不妨以茶、饮料、水等代酒。

现在，一个新问题是，杯子里装的不是酒，那向其他人祝酒时，怎么说才能让大家感知我们的诚意呢？一个重点就是言辞一定要非常真诚，把水和酒的不同说出来，但更要清楚地表达我们的水比酒更能表达感情。

在祝酒时，我们可以这么说："尊敬的张总、徐总和各位朋友，我在这几天里感受到了你们的热情。我非常想表达我对各位的感谢之情。但是，我不胜酒力，而且明天还有重要工作处理，所以只好以水代酒。"一般比较能体谅的人，都会同意这种代酒法。

若是在座的客户不愿意，甚至有人还会来把水换成酒。我们要挡住，然后接下来继续把自己的情意表达完。我们可以接着说："君子之交淡如水。水虽不若酒浓烈，但它清澈透明，正应了这句话。我希望我们的友情也如这杯澄净的水一样，喝完了也不会留下寂寞的酒杯，能日久天长。"

我们还可以说："茶水虽然不像酒一样让人产生眩晕的快感，但是一样醇香陶醉。因为这杯子里所饱含的感情胜过茅台，超过五粮液，不同于拉菲。它是用我的感情勾兑的，更能体现出友情。我敬大家，把我无法用言语表达的最美好的祝愿都融在一杯茶水里，献给大家！"

我们还可以这么说："酒是水主其行，火主其神。现在我用水来代表酒的外形，用真情如火来表达酒之神韵。请大家共同举杯，让我们拥有水一样的绵绵柔情、火一样的热烈真情，干杯！"相信经过这么一番深情解释，酒桌上的其他人也会接受，并且气氛不会冷掉。

若是客户专门来敬酒，我们要以茶代酒拒酒时，一般可以诚恳地向同桌人说明自己不饮酒，并致以歉意，求得谅解。比如，"我昨天才从医院出来，医嘱不能喝酒，所以我把感情都放在茶里，以茶代酒，先干为敬了。"

若是客户不满意，非得要我们喝，我们可以善用一些茶水类的拒酒词来应对，这样不伤感情。

客户敬酒，我们问对方："我们有没有感情？"他肯定会说有。然后我们就顺势说："只要感情有，喝什么都是酒。感情是什么？感情就是理解，理解万岁！"接着，我们就以茶代酒，表示一下。

或者说："'酒水，酒水，有酒就有水。'大家喝酒，那我就喝点茶水，一来应了'有酒就有水'的俗语，二来我喝酒真的是过敏。不过不管喝酒还是喝水，感情是一点不带差的。来，我们一切尽在'酒水'中！我干了！"

诸如此类的拒酒词还有以下几种："以茶代酒，天长地久。""酒是苦的，茶也是苦的，我不会喝酒就喝茶代替吧。""感情到位了，茶比酒要更醉人，我以茶代酒敬您。""感情深浅不在酒，以茶代酒情更深。"

此外，如果没有酒，对方不满意，不妨在喝水、饮料、茶之前，给在座的背一首带"酒"或关于喝"酒"的诗，要多是大家耳熟能详的，比如《将进酒》等。这样"酒"不就有了吗。

当然，以茶代酒时，还可以根据情况想出其他对策。只要多说些表达感情的话，相信即便不喝酒，我们也能获得众人的好感。

掌握"没话找话"的本领

"吃饭当哑巴",这句话在赴生意宴会时是完全不适用的。我们喝酒一般不是把酒作为目的,而是以酒为媒,考虑怎么达成目的。联系工作、拉家常、谈古论今等比吃饭喝酒更重要。因此,在餐桌上,我们绝对不可以闭口不言,枯坐一隅。

业务员李阳请客户韩经理吃饭。因为李阳平时就是一个不爱说话的人,所以在酒桌上,他只在开始时找了个理由敬了韩经理两杯酒。接下来没了话题,两个人只好坐在那里硬着头皮自顾自地喝。

韩经理原本对李阳印象不错,可现在他很恼火,觉得李阳不懂"规矩"。本来在酒桌上很活跃的韩经理就一下子没有了兴致。

饭吃了没多久,韩经理就说有公事,要回去。李阳赶忙提出了自己销售产品的事情,韩经理面无表情地说:"回去会开会商量的,等消息。"

尤其是酒局进行到中间阶段,若是在场的人不会找话题,那么酒局氛围可能会冷掉,让人感觉进行不下去了。酒局要是到了这个地步,岂不是很失败吗?为了活跃气氛,我们就不得不没话找话,不管认不认识,都要说得得体、有趣,让所有人都舒服。所以,我们就要练就"没话找话"的本领。

好话题是初步交涉的媒介,深入细谈的基础,纵情畅谈的开端。其实,没话找话，并不那么难。话题的标准是至少有一方熟悉，能谈；大家感兴趣，爱谈；有展开探讨的余地，好谈。

如果不大会说话，那么就找对方可能会感兴趣的事情说，比如，做生意的人祝他生意兴隆，还可以祝他保持健康。中年人，可以和他谈谈孩子的教育问题，说说孩子的趣事。和年轻人一起可以谈谈他的理想抱负，工作中遇到的难题，或者见闻。

说话的时候不忘敬酒，敬酒的时候不忘找话题，这样结合在一起，能让酒局氛围更加活跃。

刘允为了产品销售的事情，请合作公司的苏经理喝酒。刘允很健谈，聊这个侃那个，把苏总经理说得很是开心。

途中苏经理不小心说了错话，自罚了酒。此时，刘允道："第一只猿猴错误地下了地直立行走，所以今天的人们才不用趴着敲电脑。美国总统尼克松偏离了美国的既定政策，才有了中美关系的大进展。所以说，意外错误有时候是充满着理性光辉的错误，这又是一次创新的契机。所以，犯错误有时也是一种美丽。来，让我们为美丽的错误干杯。"这一说，苏经理更开心了。

刘允看苏经理正在兴头上，说："苏经理，我们产品的事……"还没等刘允说完，苏经理就笑着说："放心。咱们一块喝酒能喝得有兴致，还有什么不好说的。"

那么酒桌上如何找话题呢？

巧妙地借用彼时、彼地、彼人的某些材料为题，借此引发交谈是不错的办法。一些非常机灵的人常借助客户的姓名、服饰、口音等，即兴引出话题，常常取得好的效果。运用这个办法，只要思维敏捷，就能就地取材。

当然，如果能从客户说的话语中找到话题，那样更为自然。

通过寻找自己与客户之间的媒介物，能找出共同语言。见客户赴宴时手里拿着一件什么东西，可以问："这是什么？……看来你在这方面一定是个行家。正巧我有个问题想向你请教。"或者赴宴之前就打听好对方喜欢什么，然后特意带一件过去，并由此引出更多话题。

有时候，话题会从一个转向下一个，但是，若没有人接住话题，可能造成冷场。所以，我们要竖起耳朵，细心聆听，以便接上话题。一般用承上启下的话语可以使话题不着痕迹地继续下去，比如，"我和你想得一样，但是你知道小刘是怎么看这个问题的吗？上次他说……""你说得有道理，但是这个事情网上又传出了新进展……""这道菜好吃，除了味道，还有故事，我说出来给大家佐餐。"

注意：有些话题属于敏感话题，一说出口就错。没话找话的时候，一定要避开，否则说了不该说的话，必然得罪人，可能让生意泡汤。

不要说低俗、没礼貌的恶心话。饭局进行到中间时，人们往往都很激动，有人会放肆地讲一些"屎壳郎搬家"等让人倒胃口的内容，或者说一些黄段子。这些话都影响食欲，还是很没素质的表现。

情感话题还是少谈为妙。商务宴中，喝酒本是一件高兴的事情，所以千万不要借着酒劲谈起一些伤心的感情往事，惹得大家心里都很不舒服。若是不小心提及了，要马上打住，说："不好意思，不提这事了。败了大家的酒兴，我自罚一杯。"

维持氛围很重要，所以，不要对某一不在场的人恶意中伤、妄加菲薄或造谣言。而且，不要对餐馆的菜肴烹调评论挑剔，也不要抱怨服务员的工作或当着主人的面抱怨食物不佳。此外，个人恩怨和牢骚、令人不愉快的疾病、对方以往的过失或隐痛等都是话题之海中或隐或现的礁石，我们必须小心地绕开它们。

当我们要提出一个话题时，最好考虑到其他人的情况，不要触到别人的痛处或冷落他人。比如，不可以当着大龄未婚者的面大谈婚姻里的问题，不要问客人的奖金是多少。

神奇的短句、巧妙的回应和轻松愉快的话题总能让谈话顺利进行下去，总能让酒喝得有滋有味。所以，我们不妨多多修炼一下"没话找话"的能力。

第十章 —— Chapter 10

用好电话和微信，
使交易更便捷

掌握合适的打电话时机

做电话销售的生意人，常犯愁的一个问题是，给客户打电话怕耽误到客户做事。要是客户正在忙，打过去成功接听的机会小，还会让客户反感。那什么时间最适合给客户打电话呢？

以一周的时间来衡量的话，进行电话业务最适合的时间是周二到周四。

周一，是双休日结束上班的第一天。大部分公司都会在星期一开商务会议或者安排布置一周的工作。所以，这一天大多数人都很忙碌，有很多事情要处理。若是客户患有"周一综合症"，精神不振，无心工作，那我们成功的概率就更低了。因此，我们要尽量避开这一天。如果真的有急事的话，这天下午打电话会稍微好一些。

周二到周四是最正常的工作时间，电话销售员应该好好利用这3天。

周五是工作周的结尾，即便我们打过去，对方也不一定会认真接听，多半可能回复——"等下个星期再联络"。但这并不意味着我们会无功而返，此时可以做一些预约或调查的工作。

若以一天时间为标准，打电话的最佳时间是上午10点到11点，下午3点到5点。

早上8点到10点这个时间段，大部分客户都在紧张地做事，比如完善昨天工作的不足，安排今天的任务，所以根本无暇接听电话。因此，这个时段我们不妨也用来做一些准备工作，比如，想一想怎么做开场白。10点到11点这一个小时，大部分人都处理完了一些事情，比较放松，此时打电话，对方会有时间和耐心倾听。

上午11点到下午1点是午饭兼午休时间，千万不要打电话过去吵客户休息。而下午1点到3点，客户处于烦躁情绪中，尤其是夏天，这也不是好时段。下午3点到5点，是客户精神充足、热心工作的时候，所以打电话过去，也许能创造好业绩。

下班后或者晚上是否适合给客户打电话呢？

一些电话销售新手可能晚上7点或9点给客户打电话，此时客户可能正忙着做饭、吃饭或休息，打电话是非常不礼貌的。若是跟客户比较熟悉，或者和客户预约好了，或者知道客户仍在公司工作，那么可以打电话过去，不过注意时间不能太长。接通后，我们要揣摩客户的心情是好是坏，是否适合谈工作上的事情。尤其注意，千万不要午夜或凌晨打电话，此时完全等同于骚扰电话，可能会被划入黑名单。

不同的职业，忙碌的时间也不同，我们可以根据客户对象，有针对性地选择恰当时机。

零售商最忙的时候是周末和周一，一般下午2点到3点方便给稍微清闲的他们打电话；医生在雨天比较有空闲时间，此外上午11点后和下午2点前也可以；律师早上10点前或者下午4点后比较方便接听电话；给股票行业的客户打点话，最好避开开市后，适合的时间是在收市后。

做涉外生意时，我们常要和国外客户打电话，因此打电话的时间应该根据当地的作息，一般来说当地上午9点30分到11点30分应该是最佳时间。

根据时差问题，我们可以得出给国外客户打电话的大致时间。比如北京时间上午9点到11点，可以给日本、韩国客户打电话；北京时间上午12点到下午2点，可以打给印度、孟加拉的客户；下午4点到6点，可以打给希腊、芬兰、南非的客户；下午5点到7点，可以联络德国、瑞士、荷兰、法国、西班牙的客户；晚上 6 点到 8 点，可以联络英国、葡萄牙的客户。

  一个公认的打电话最好的时机是客户开心的时间段，比如客户乔迁新居、结婚生子、刚做了一笔大生意等。在客户心情愉悦时，说出祝福，然后提及生意，相信效果会比较明显。

  总之，我们要仔细针对每个客户的情况，选择适当的时间拨打电话，这样就会事半功倍了。

对方的秘书接电话时

在电话销售中,我们经常会被秘书挡在门外,很难获得新客户的联系方式。就算贸然前往,也可能被他们逼退,无缘得见客户。那么如何才能从这些"阻挠者"身上获得我们需要的信息,或者绕过他们找到我们想要找的人呢?

千万不要轻视大客户的秘书,因为他们是那些大客户的左膀右臂,在很多事情上都有影响力。秘书的一项工作就是为上司节约时间,也就是说凡是对公司无关紧要的电话,他们就不会转接给上司。如果我们想见到大客户,那就要获得秘书的同意,需要秘书对我们有好感。

诸如"我只和你的上司说话""这件事关系到两家公司,于总不接电话,跟你说有什么用""这是我和你们张总之间的事情,与你无关"等话,最好不要说,否则你很快就会被秘书挂断电话。我们必须对秘书表示出足够的尊敬、友好和信任,做到和他们的关系和谐。

记住秘书的名字,并且一直记住,是让秘书感受到重视的好方法。我们要在通电话时,把秘书的名字写下来,挂电话的时候可以说"非常感谢你,王秘书"。下次打电话时,如果还是对方,可以直接说:"您好,王秘书,很高兴又听到了您的声音。现在我可以和张总聊一聊吗?"这样说的话,秘书会很高兴,因为有人记住了自己。

秘书们一般有"三板斧"来过滤各种各样的电话,即他们经常提的三个问题——"你是谁""哪里的""有什么事"。这三个问题看似很简单,却让很多电话销售人员觉得左右为难。"老实交代"的话,秘书就会以"不需要"为由拒绝,我们会"出师未捷身先死";不坦白吧,秘书怀疑,我们再坚持纠缠,会引起他们的不满,最终被过滤掉。因此,我们要想办法绕过这"三板斧",让秘书觉得我们的电话很重要,不属于"耽误时间"的那一种。

每个人都有恻隐之心,内心都有帮助他人的情怀和意愿。所以恳求对方的帮助,是不错的打动对方的策略。如果能尊重秘书,恳求帮助,相信对方也会乐于援手的。

业务员刘翰岳说:"您好,我是刘翰岳,不知道您能不能帮我一个小忙?"

秘书苏珊问:"什么事情?"

业务员刘翰岳说:"我想把我们公司的产品资料留下来,这类事情由谁负责?"

秘书苏珊回答:"噢,是乔治先生。"

一下子就拿到了决策者的名字,刘翰岳很高兴。不过,为了确认对方的身份,他又故作随意地问:"他是什么职位呢?"

秘书苏珊说:"后勤部的负责人。"

为了知道乔治先生的职位是不是最高的,刘翰岳又问:"请问还有谁可以负责这类事情?"

秘书苏珊问:"为什么这么问?"

刘翰岳用理所当然的口吻机智地回答道:"如果有两位主管的话,我们通常会留两份资料。"

秘书苏珊问:"没有别人,只有乔治先生。"

刘翰岳又问:"我要把资料和这一字条留给他,不知道您能不能给我一张他的名片？"

秘书苏珊说："好吧，那我传真给你。"

刘翰岳问："什么时候最方便给乔治先生打电话询问意见呢？"

秘书苏珊说："明天下午3点。"

刘翰岳说："好的，很感谢您帮了我这么多忙，真的谢谢您。请问您的名字是？"

苏珊报了名字，听到电话里说："苏珊小姐，很好听的名字，再次谢谢您。"

秘书大多是女性，如果我们能始终保持微笑，态度友好，以绅士风度对待她们，那么将很有可能从秘书那里得到决策者的信息资料，还可以和秘书交上朋友。相信下次见面时，秘书还会在一定程度上帮助你。

此外，我们还可以用套近乎的策略。给客户打电话，被秘书接起，那么我们的语气一定要轻快，如同给好友打电话问好。比如，说："早安，请问方律师在吗？"如果对方不是，且报出了自己的姓名，那我们就说："嗨，李小姐，请问我能和章先生聊聊吗？"我们可以不先透露自己的信息，然后和秘书多聊几句，聊些想要知道的事，秘书可能就会在不经意间告诉我们。

如果我们已经做完了秘书的要求，比如寄送了材料、发送了传真、留下了电话，而对方还是说"有消息联络你""我们会考虑的"，那么此时也可以选择点破、挑明，直接问："我这个人比较实在，你是真的帮我给客户看，还是为了委婉地拒绝我，请告诉我你的想法。"这样，我们很有可能得到正面的回答。

另外，客户不在，秘书无法转达时，别把自己的名字跟电话号码留给接电话的人。不妨待会儿再试，我们可以说："如果你是我，你会再打电话来吗？""如果我再打电话过来，什么时间比较恰当？"

  当客户的秘书接起我们的电话时，内心不要恐慌，不要担心被拒绝，把握住真诚、有礼和尊重，再加上一些技巧，我们就能突破防线，获得见面的机会。

预约电话不谈生意

贸然登门造访谈生意,是失礼的行为。况且,生意高手总是不打无准备之仗的。因此,登门造访客户前先电话预约,是最好的方式。它能让客户感到我们的尊重,节约了双方的时间,而且往往非常有效。

保险推销员乔·库尔曼29岁时就成为美国薪水最高的推销员之一。他坚持的一个原则就是"约访,但不谈推销",并由此消除了客户的警戒心理,确保了和客户的面谈机会,同时赢得了客户的好感。

乔·库尔曼想拜访生意上的大忙人阿雷先生,于是他提前给对方打了个电话。

"阿雷先生,我是理查德先生的朋友乔·库尔曼,您还记得他吧?"

"是的。"

"阿雷先生,我是人寿保险推销员,是理查德先生建议我结识您的。我知道您很忙,但您能在这一星期的某天抽出5分钟,咱们面谈一下吗?5分钟就好。"乔·库尔曼特意强调了"5分钟"。

"是想推销保险吗?几星期前就有许多保险公司找我谈过了。"

"那也没关系。我保证不是要向您推销什么。明天早上您能抽出几分钟时间吗?"

"那好吧。你最好在9点15分来。"

"谢谢!我会准时到的。"

> 经过乔·库尔曼的争取，阿雷先生终于同意了他的拜访。

电话预约客户时，如果客户认识你，当然好办。我们就可以直接约："布朗先生，您认为什么时间见您最好？早上还是下午，或是这个星期的什么时间？"如果客户不认识你，直接做介绍表示要见他，那么对方肯定会立马树起防备，问："你见我干什么？"这就为我们接近客户设置了障碍。

一个好办法是告诉客户我们是他的熟人介绍的。有这样一个熟悉的人做中介，对方自然就会比较放心。比如，我们可以说："我是你们董事长的好友，是他特别推荐你，要我打电话给你的。"可能不少人会想："万一他查实我不是他们董事长的好友，那岂不是会说我是骗子？我岂不是很难堪吗？"

其实，我们完全没有必要这么紧张，因为我们打电话的目的其实是为了获得一次面谈的机会。只要不损害对方的利益，这么说就不过分。况且，若是我们和他相谈甚欢，那么对方可能就不会去追究你曾经说过的话了。

切记，预约电话最好不要谈推销。首先是因为，单凭电话里的一两句话，很难确定客户的需求，不能提出有针对性的建议。此外，若提及销售，只会让客户有心理负担，难以自然地和我们沟通。

客户都很忙，我们在预约时，最好强调只占3分钟、5分钟或10分钟。比如，说："我们都受过专业训练，只要花10分钟，就能将我们的业务做一个完整的说明。您放心，我不会耽误您太多的时间，只要10分钟就可以了。"一般来说，这几分钟时间客户还是愿意给的。不过，要记住，在正式见面的时候，说占用对方几分钟的时间就占用几分钟，尽量不要延长，否则客户不但认为你不守信用，还会觉得你喋喋不休，这样下次你约他就难了。到了时间，我们可以这么说："5分钟时间到了。您有什么要问我的吗？"如果客户自己愿意延长时间与我们交谈，那这笔生意很有可能成交。

确定一个非常准确的时间是有必要的。因为如果你问对方："您什么时候有时间？"如果他对保险不感兴趣，就极有可能会回答："啊，真不巧，这段时间我都很忙。"如此一来，又得从头开始来说服他。一些毫无诚意的客户，很有可能告诉我们一个笼统的时间，这使得我们还得再次和他预约。

我们要主动决定拜访的日期、时间，如问客户："下周二或周五方便吗？""明天上午 10 点方便吗？"这样问话，对方一般能够给一个准确时间。要是客户在提议的时间里比较忙，可以把日期或时间点提前，因为往后拖延的话，你的说服力会大大减弱，这样还能减少意外变故发生。

如果遇到比较难预约的客户，我们还是要继续预约，以表达诚意、重视和坚持，希望能获得客户的亲见。此时，我们不妨在一个星期的固定几天里给客户打电话，而且这几天里每次打的时间也是固定的，这也是一种预约。电话留言也很有效，即便留了好几次言，客户也没说要见我们，但是这无疑给客户留下了深刻的印象。

登门拜访外国人时，一定要预约。什么时间做什么，他们一般已预先安排妥当，绝对不希望有人突然来访，打乱他们的计划。此外，每周五下午，我们做完下周的工作计划后，给下周要见面的人先都约好时间。那下周工作就可以有序有效进行了，我们有了完全自主的时间，在谈生意时必然从容不迫。

人人都喜欢预约服务，既显得专业，又可以节约时间，提高效率。好的预约会给客户留下良好的印象，为下次的良性互动和销售的进行创造条件。

在电话拨通后 30 秒内抓住对方的注意力

任何交谈中最难的就是第一句话，好的开场白是电话销售成功的一半。推销心理学的研究也发现，客户一般会记住聊天前 30 秒钟的话语，而且以此决定是否要交谈下去。所以，我们一定要讲好开场白。

不少生意人的经历已经证明，错误的开头和开场，很容易让客户发出拒绝。

电话销售员一："周女士，您好，我是华宇装饰公司，听说您在某小区有一套房子，您是否正在考虑装修的事呢？"

"谢谢，我不装修。"

电话销售员二："早上好，陈先生，我是晨星机械公司，我们公司是国家三级资质企业，我们……"

"好，我知道了。有需要会联系的。"

电话销售员三："晚上好，苏先生，请问您这个星期六有时间吗？我是朝雨服装制作公司的，我们……"

"对不起，我没时间，再见。"

……

这些开场白里，我们既没有说明为什么打电话过来，也没有说明自己的产品对客户有什么好处，说的都是客户不关心、不在意的问题，而且是乏味、没有新意的东西，无怪乎客户把我们拒之门外了。

因此，准备瞬间吸引对方的开场白，可以从两个方面努力：一让客户觉得产品对自己有好处；二能引起客户的好奇心。

让客户放下手里的工作，认真听我们讲话，那就要在 30 秒钟里讲明"我是谁或我代表哪家公司""我打电话给客户的目的是什么""我公司的服务对客户有什么好处"。比如，我们可以说："蒋先生，您好，我是某公司市场部的陈明，我打电话给您的原因是许多像您一样的企业家成为我们的会员，我们为他们节省了大量的机械购买费，而且提供的产品和服务还是最好的，能够满足广大客户的需求。为了能进一步了解我们是否也能为您服务，我想请教一下您目前是否有购买需求？"

好奇是每个人的天性，对于神秘奥妙的事，大家都会关心瞩目。所以，我们要在 30 秒钟的时间里，说些客户不熟悉、不了解或与众不同的东西，让客户对你的产品产生浓厚的兴趣，才有可能把生意做成。

"王女士，您好，我打电话是给您说个好消息。"

"什么好消息？"

"是这样的，我是浩宇装饰公司的。我们公司最近推出一项征集小区样板间的活动，这个活动对您而言有很多好处，如果您加入该活动，会有优秀设计师团队进行全房设计，在工程造价上进行优惠，并且主材上的优惠力度也是非常大的……"

事先要做好调查工作，千万不要让客户有否认身份的机会。如果客户真的有房准备装修，一定会对这些优惠信息感兴趣，乐意听下去。

向客户提供新的信息，可以唤起客户的注意。比如，某业务员告诉客户："我从一家美国刊物上看到了一项新的技术发明，觉得对贵厂很有用。"一般来说，客户非常希望能把握市场动态，成为本行业的专家，因此对这些问题都非常感兴趣。注意，不要捏造信息，而要真正地通过阅读专业刊物，向客户提供新技术或新产品知识。

借助有影响力的"第三者"，如名人或客户的朋友来开场，有一定的效果。比如，金先生是行业内严格注重质量的客户，而他运用了你们公司的产品。你去其他公司介绍时，可以说"以重品质著称的金先生使用了我们的产品，并赞不绝口。他曾向我提及您，所以我来这里看看您是否也有需要。"注意：这样打着别人的旗号来介绍自己，效果很好，但不能胡乱说，一定要是真实的。

每个人都有好为人师的本能，总喜欢指导别人。我们可以有意用一些不懂的问题，或者虽懂但装不懂的问题向顾客请教。一般来说，客户是不会拒绝的。我们可以这么说："王总，在扫描仪方面您可是专家，您已经看了我们公司生产的新型扫描仪，请问在设计方面还存在什么问题吗？"一旦客户参与到这个话题中，我们便向成功迈进了一步。

不要指望客户会有很强的耐心，听我们讲一些对他而言没价值的东西。如果不能在接通电话最初引起客户的兴趣，那我们被拒绝的机会就会很大。所以，一定要开动脑筋，在电话的开头就吸引客户，让他不得不听下去。

用声音迷住你的客户

利用电话做生意时,由于我们不是和客户面对面地进行交流,所以无法通过身体语言影响客户。此时,传递信息的载体——声音,变得非常重要。如果能用声音"迷"住客户,那就可以让客户产生购买的欲望。

怎样才能让自己的声音在电话里更有魅力呢?

热情,有亲和力,能感染客户。打电话时,在通话的前几秒钟,我们就能判断出对方的态度和情绪。同样,如果我们在与客户交流时,板着脸,那说出来的话就很难有热情,会让客户觉得冷冰冰的,很不舒服。所以,我们要尽可能地丰富自己的面部表情。

说话时微笑很重要。当我们微笑时,声音会传递出很愉悦的感觉,变得有亲和力,让对方开心起来。因此,当和客户通话时,我们要多提醒自己笑一笑。

要表现得热情大方,能要控制语调,多令语调上扬。因为上扬的语调可以使人觉得热情开朗。打电话说"您好"的时候,声音上扬可以表现出你的激情活力。降调的"您好"给人的感觉是死板冷漠,效果天差地别,会使人觉得你沉闷而乏味,并使客户怀疑你是否愿意继续对话。另外,咬着后槽牙说话,让人感觉很不舒服,最好打开口腔,自然言语。

当然,热情也要把握尺度,因客户而异。有的客户喜欢跟热情的人交流,有的客户却不喜欢跟太热情的人打交道。对于不是很熟悉的客户,不要在电话里表现得太过热情,太过热情反而可能让客户觉得你有些夸张,反而变得警惕。

吐字清晰明了，能令客户明白我们说的意思，也能给客户如沐春风之感。

有些生意人辛辛苦苦地准备好各式各样的精彩开场白，但是一开口结结巴巴、吞吞吐吐，让客户产生反感，第一印象很糟糕。尤其，含糊其词、咬字不清、掺杂方言土语，这根本无法达到语言美的基本要求，也可能造成和客户沟通的障碍。所以，我们在谈话时，要尽量做到说话文雅，发音准确，吐字清晰。这样，声音清亮圆润，语句流畅，自然能令人舒心。

配合客户说话的习惯，能让客户觉得我们和他是有共同点的，会令谈话顺利很多。

在最初不知道客户的说话速度时，我们要采用适中的音量与语速。因为如果太快，对方可能还没有听明白你在说什么，你说的话却已经结束了，假如对方是急性子肯定受不了；而如果太慢，会令客户感觉不耐烦。我们应尽可能娓娓道来，给他人留下稳健的印象。

但若发现客户在电话里讲话声音特别快，我们也要把声音放快，以适应他；如果客户讲话速度很慢，我们也要尽量放慢一点。

声音的大小也是有差别的。在最初，我们可以保持音量正常，这样既能给人自信的印象，也能让客户听清。不过，当客户显示犹豫不决时，我们要把音量稍微调高，让客人有"专注"的感觉。如果我们自己把握不好，可以请同事帮忙，先打个电话给同事，让他帮你听听你的音量是否合适，然后进行调整。

谈话的过程中需要停顿。若我们一直说个不停，一是不知道客户是否在听，二是不知道客户听后有什么反应，此时停顿可以有效地吸引客户的注意力。而且，客户若有疑问，他也可以借助我们停顿的时候提问题，或者表达自己的观点。

还有一些细节需要注意，如尽量少用专业术语，语句表达要流畅，多用短语和单句，避免口头禅及"嗯、这个、那么"等；讲话有力度，适时幽默，开怀大笑，缓和与客户之间的紧张气氛；讲话要有重点，重要部分要加重声音，听上去要更有力；遣词造句要得体、恰当。

无论是哪一行，要想做成生意，首先要取得对方的信任，声音有魅力能占很大的优势，能帮我们获得客户的好感。想让自己的声音更有魅力，不是一朝一夕就能形成的，这需要我们进行长期的练习与摸索。

接听电话需要注意的地方

商务活动中，我们经常会接听客户的电话。千万不要把这看作小事一桩，很多人因为对客户电话处理不当而得罪客户。接听客户的电话要注意基本的商务礼仪，如果能用亲切和气的态度感染客户，那就能赢得客户的赞誉。

通常，我们应该在电话铃声响过两声之后接听电话。因为电话铃声响一声大约3秒钟，若长时间无人接电话，让客户久等，是很不礼貌的。并且，客户在等待时心里会十分急躁，往往会认为公司员工的精神状态不佳。很多业务员桌上有两三部电话，若同时响起，可以长途电话为优先。如果电话铃响了五六声才拿起话筒，应该先向对方道歉，说："对不起，让您久等了。"

电话接通后，我们应该主动向客户问好，并立刻报出本公司或部门的名称，说："您好，这里是翔宇公司市场部……"这一句很重要，往往决定着我们的公司或个人在客户心里的印象。如果我们一拿起话筒，就张嘴嚷道："你哪里？找谁？什么事？"那客户要么立马挂电话，要么用更重的口气回答。做生意不是吵架，所以，我们要尽量轻柔一点，声音清晰悦耳，吐字清脆，会给对方留下好的印象，但不要矫揉造作。

问好后，要确定来电者的身份，如公司、姓名等。对常有业务联系的电话，一拿话筒便能立即呼出对方的姓名，就能有效地缩短我们与客户之间的隔阂与距离，掌握交谈的主动权。当然，一下子认出对方的身份，也能获得对方的好感。我们可以有一个为工作准备的电话号码簿，将常用的人名与电话号码记下来,这样可以节约办公时间,提高工作效率。

在和客户交谈的过程中,礼仪不可缺少。

接听电话时,声调要显得热情愉快。要做到这一点,我们可以试一试带着微笑说话,这样的话,客户能从我们的声音中感受到我们在微笑,从而受到感染。因此,接电话时,我们要注意自己的面部表情。此外,我们,尤其是女士,接电话时要采用自然发声,不必故意做出嗲声嗲气的假嗓子。声音好听,并且待人亲切,会让客户产生亲自来公司拜访的冲动。

不要吸烟、喝茶、吃零食,即使是慵懒的姿势,对方也能"听"出来。如果躺靠在椅子上接电话,对方听你的声音就是无精打采的。若身体挺直,坐姿端正,那么我们发出的声音是亲切愉悦、充满活力的。而且,这是运用丹田发出的声音,不但可以使声音具有磁性,且自然流畅。

嘴与话筒间应保持4厘米左右的距离,以适度控制音量,以免客户听不清楚而产生误会。此外,为了表示专心聆听,并且已经理解,要适时恰当地称"对"或"是",给对方积极的回应。

客户打来的电话几乎都与工作有关,十分重要,不可敷衍。如果在接电话的同时做其他事情,没有听清楚客户说的话,并要求客户复述一遍,客户很可能由于不耐烦而挂电话。

礼仪大师金正昆曾说:"了解清楚来电的目的,有利于对该电话采取合适的处理方式。电话的接听者应该弄清楚以下一些问题,如本次来电的目的是什么?是否可以代为转告?是否一定要指名者亲自接听?是一般性的电话推销还是电话来往?"如果我们自己无法处理,应认真记录下来,委婉地探求对方来电目的,这样既不误事,还能赢得客户的好感。

记录客户来电的信息时,要牢记"5W1H"的技巧,也就是When(何时)、Who(何人)、Where(何地)、What(何事)、Why(为什么)、How(如何进行),尽量记得简洁又完备。记录完后,我们要复诵一遍来电的要点，防止记录错误或者偏差可能引起的误会，使整个工作的效率更高。

此外，一般我们都习惯用右手拿话筒，但是很多时候我们都需要边听电话边记录。有些人可能会将话筒夹在肩膀上面，这样，电话很容易因夹不住而掉下来发出刺耳的声音，从而给客户带来不适。对此，金正昆提倡"用左手拿听筒，右手写字或操纵电脑"。

如果客户打电话的目的是责难或批评，我们要委婉地解说，并向其表示歉意，不可与发话人争辩。如果需要查找数据，且需要很长的时间，那么最好不让对方久候，应改用另行回话的方式，并尽早回话。

当电话交谈结束时，很多人常讲完就先挂断电话，甚至会把话筒"啪"的一声扔回原处。这种做法是极不礼貌的行为，会让客户产生极不愉快的想法。

挂电话前，我们要最后道谢。来者是客，以客为尊，即便不直接面对客户，或者客户是来责难的，我们也应该感谢客户致电，或者欢迎客户提出意见。另一个基本礼仪是，牢记让客户先收线。在电话即将结束时，我们应该说"再见"，礼貌地请客户先收线，等客户挂断后，整个接听电话才算圆满结束。

有时候，我们会接到需要交转的电话。此时要注意礼仪，我们一定要把自己的姓名告诉对方，并表示会转达他说的事情。比如，"我是陈总的同事刘海涛，您说的事情，我一定会传达给陈总的。"这样就能给对方以亲切感、信任感。

电话是企业经营的桥梁之一。通过接听电话，我们可以将企业的形象推销出去，所以应该慎重。不过，只要养成良好的接听习惯，接电话并不是一件困难的事情。

微信上谈生意：措词要温暖，语音要慎发

在这个智能手机普及的时代，相比于打电话，人们更愿意用微信交流。一者，微信功能强大，它不但具备语音通话功能，而且可以输入文字、图片，进行转账，甚至视频通话等；二者，微信语音通话按流量收费，比使用电话便宜很多，而且许多用户大部分时间都能连接到免费无线网络。因此，微信用户越来越多，据统计已超过 10 亿。

今天，人们初次见面交换信息，都是扫描二维码加微信。这似乎已成为一种时尚。

微信不但在日常生活中扮演着重要的角色，而且在商业活动中也是必不可少的工具。生意人用微信开展业务，除了增进感情，建立友谊，还可以提高工作上的沟通效率。

有些生意人把微信当作一款简单的聊天软件，以及朋友圈发布广告的网络平台。真是大错特错。其实，微信还是展示自己的一张名片。而微信聊天，往往能反映一个人的素质。有人和客户交流，言简意赅，彬彬有礼，让对方隔着屏幕都能感到如沐春风、身心俱欢，慢慢地将对方引为推心置腹的好友。有人和客户聊天，随随便便，想说什么就说什么，得罪了人，还浑然不觉，直到对方把他拉黑删除。

事实上，微信聊天也是有诸多禁忌的。特别是对于生意人，哪些该说，哪些不该说，一定要清楚，否则，很可能"赔了夫人又折兵"，浪费了时间，又丢失了客户。

而那些聪明的生意人往往能通过微信展现自己的人格魅力，为自己赢得口碑，树立良好的个人形象。他们常常遵循这样的规则。

1. 微信交流，措词要温暖

薇安是一家跨国企业的销售总监，我们几年前就认识了。自从加了她微信后，不忙时总会在微信里与她闲聊上几句。记忆中，她从不发"呵呵""额""哦""嗯"等词，而是发"好的、没问题、嘻嘻不错"这类让人读了感觉她是带着愉悦心情回复的信息。

我问过薇安，我说和你微信聊天很快乐，你总是带着好心情回复我，让枯燥乏味的工作也变得充满乐趣。相信你的客户一定也深有同感吧！

薇安说，她只是把平日里大家使用频率高的"哦""额""呵呵""嗯"换了一种温和的口气表达出来。这样，自己读起来快乐，别人读起来也应该感到舒服。

不少生意人容易忽视微信聊天，认为小小的微信不过是起着日常联系的作用，不必太在意。

但是，那些用微信沟通的商业精英，他们不仅为自己带来利润、赢得朋友，也带给对方善意和温暖。

2. 永不说"在吗"，重要事情慎发语音

小高闲暇时爱在网上码字，日子久了，积累了一批粉丝，也经常遇到一些媒体编辑约稿，王姑娘就是其中的一位。

每当到了约定日期，王姑娘就开门见山地提醒小高交稿。王姑娘从不在微信里发"在吗"。用她的话说，发"在吗"，是一个多余的程序。当你问对方"在吗"时，对方可能正有事忙着。在他忙完事，看到信息后，回复"在"。你这边经过漫长的等待，或许早就不耐烦了，觉得对方爱搭不理。这时，你看到他迟来的一个"在"字，可能想着报复，会选择视而不见。与其这样，还不如一上来就说事，把事情一五一十地写出来，发送给对方。对方看到后，也好有针对性地回复你。这样就会避免不合理的猜疑，减少沟通环节。即使你在经历漫长的等待后，看到对方回复的"在"没有生气，可你再说什么什么事，对方收到后就算即时回复，也已经过了两个程序，多少有点浪费时间。

合作双方要"在商言商"，这样既节约时间，又提升工作效率，还少了不必要的误会。

微信聊天，能打字，尽量不要发语音。首先，你不能确定对方是否方便收听语音，比如对方正处在市声嘈杂的街头，或者对方正在出席一个会议，甚至对方和你素未谋面，只是通过别人介绍加了微信。而你可能是习惯使然，就冒冒失失给对方发了语音，然后等着回复。你的行为，不但使对方尴尬，也给对方留下你做事轻率，只图自己方便，不懂得替别人考虑的不良印象。另外，你给他人发语音，或许对方对你的声音不太熟悉，以致听的过程中出现困难，甚或造成误会。

李先生在广州搞服装批发，生意不错。不久前，他又租下一间库房，专门用来存放公司开发的一批爆款时装，并招了一个库管负责发货。李先生平时爱用微信聊天，而且喜欢发语音。这一阵子，由于赶上夏秋换季，许多外地的客户纷纷汇款过来，要求李先生发货，并指明要李先生上次在朋友圈里发的爆款时装。其中，一个武汉的客户要4万件。李先生见对方是这次要货最多的客户，不敢怠慢。他立刻在微信里发语音通知新招的库管发货，库管收到通知后，点开听成老板要他给武汉的客户发10万件爆款时装。库管马上执行，10万件时装悉数发出。这下子，库房里这款衣服断货了。库管赶紧向老板李先生汇报，李先生一听急了，他明明是要求给武汉客户发 4 万件货，库管怎么给对方发了 10 万件？后来，几经折腾，李先生虽然追回了多发的 6 万件秋装。可时间已经过去了半个月，那些等不及的客户，一致要求李先生退钱。这样一来，李先生不但积压了 6 万件库存，而且失去了许多客户的信任。李先生十分后悔。都是语音惹得祸。

相比于发语音，使用文字传达的信息更为直观易懂，而且不容易出错。因此在商业活动中，发微信要尽量使用文字，以利于客户准确无误地接受你的信息。倘若你执意发语音，有时对方还要把语音转化成文字，在转化过程中也可能出错，或者闹出笑话。实际上，熟人之间闲聊，可以发语音，省时省力。而正式的生意往来，文字交流更有效，更容易合作成功。

作为新时代的生意人，用微信和客户交流，不但要注意措辞，而且要懂得尊重对方，替对方考虑。发送给对方的信息要明白无误、暖意融融，在不确定对方是否方便时，切记不要图省事而滥发语音。

第十一章 —— Chapter 11

注重地域文化，
如何与不同风格的商人谈判

与北京商人侃政治能赢得好感

外地生意人对北京商人的一致看法是——北京商人都是政治家。因为他们每一个人对国内外的政治事件都有一整套的看法,而且谈及时口若悬河,就好像他们不是生意人而是政府的顾问。

其实这是有历史原因的。在过去,从皇室成员到小吏,他们往往都是利用手中的权力抓钱,到处都是官商的气派。进入新时代,熟悉政治仍然是北京商人的一大特点。可以说,北京商人的政治神经比较敏感,即使微不足道的事或与政治不太相关的事情,他们也能从中嗅出"政治"气味。

在与京商谈生意时,大部分人可能不认同他们这种"官气有余,商气不足"的个性,但是我们不能对他们的政治情绪大加指责。相反,我们应该利用他们的这一特性,多打点政治牌。这样能博得对方的好感,提高自己在他们心中的地位。

众所周知,北京人好客,爱聊天,大到国家大事,小到家长里短,他们什么都能聊。北京企业家聚在一起,常常是高谈阔论。他们不仅能侃,而且注重"捧"。不少京商同外地商人谈判时,常雇上几个"捧爷",一上来就天花乱坠地捧一阵子,以造声势。

所以,要是和京商谈判,单刀直入谈生意,往往没什么效果。打开生意大门的钥匙是满足他们爱侃的欲望,多和他们一起侃或认真听他们侃。政治是必谈的话题,但要有依据,不可胡乱八卦。此外,吃喝玩乐、衣食住行、花鸟虫鱼、奇闻轶事等,什么都可以和北京人一起聊。若是我们自己不善谈，可以沉住气，耐心倾听，即便觉得很无聊，也不能显示出来。

北京商人具有一种君子风度，非常务实，崇尚真诚的人际关系，待人坦诚不欺。具有近600年历史的北京大栅栏商业街上，张一元茶庄、同仁堂、步瀛斋、内联升、瑞蚨祥等商铺，虽历经沧桑，但质量优良，诚信待客，所以驰誉中外。就拿同仁堂来说，"仁德诚信"是同仁堂永葆青春的法宝。他们做生意最起码的要求是药品不少成分，不售假药。

尽管全国各地不时爆出一起起诈骗案，但是几乎都与北京人无缘，因为北京商人恪守一句格言——"骗朋友仅是一次，害自己却是终身"。因此，和京商做生意时，我们不必担心京商会存欺诈之心，而且要做到诚实信用，万不可为一点点的小利而失去原则。一旦他们对你失去了信心，你将不仅仅失去一个合作伙伴，同时会失去一个很好的朋友。

此外，北京人非常注重友好和谐的人际关系，因此非常有人情味。比如，几个京商一起去饭店吃饭，大家总是会抢着埋单。

针对这一特点，我们必须注重与他们的人情交往。谈判之前，先搞好关系，谈判将会很顺利地进行。一般来说，北京商人并不在乎小的利益，只要大体上达成了共识，所有的问题都将迎刃而解。当然，不管生意成功与否，他们都将会以同样的热情招待你，所以谈判时你大可不必担心。

不重广告是北京商人的又一特点，因为不少北京厂商、公司都奉行"货好不用吹"的观念。北京有很多企业其产品在全国领先，但是，在电视、报纸上做广告的很少。因此，要和北京商人做生意，要认准那些不宣扬的名优品牌。

目前，北京著名的企业家大多是大学教授或海外留学回来的高级知识分子。即便是新办的民营企业中，年轻的老板也大多持有硕士、博士学位，甚至是留学归来的人。这些从知识分子转化过来的商人，文化层次高，信息灵通。他们穿戴整齐、彬彬有礼，或准备把自己的发明产品化，或到有关部门去公关，或为某一地区或企业进行策划，可以说素质非常高。而且，他们都有一定的艺术修养，对文化艺术兴趣浓厚，与文化界人士有一定交往。

与这些新型京商交往时，我们应尽量衣着得体，谈吐举止做到高雅。如果会一两门外语，懂得网球、高尔夫，爱听歌剧等，相信你一定能和京商们相谈甚欢。反之，若我们的言语比较粗俗，行事不讲章法，反而可能会被避而远之。

总之，北京商人关心政治，喜欢聊天，待人做事坦诚，充满"文化气息"。掌握住京商的性格特征，非常有助于你和京商谈生意。

不要和精明的上海商人讲人情

人们对上海商人最普遍的评价是"太精了"!

"精明"是上海商人的标签。上海商人的精明是骨子里的,他们识货明理,又善于据理力争。有人说,上海人的钱不好挣。一家外国报刊就曾报道:"上海人都是经济里手……外国人很难从上海人口袋里掏出钱来。"

因为精明,上海商人非常谨慎小心,关注细节。在谈判之前,他们多半会调查好市场的行情、对手的情况,并做好应对的策略。谈生意过程中,他们常会因个别小问题争论不休,让谈判没完没了。所以,与上海人谈生意,要做好打持久战的准备,各种细节都要关心,而且一定要保持冷静,有充分的耐心。

与"精明"一样,上海人的自负也是众所周知的。

上海是金融中心和航运中心,经济层面在中国具有首屈一指的地位。作为中国现代商业的开创者,上海商人在与外地人谈生意时,对自己提出的方案或做法深信不疑,认为所有人都应赞同。据说连美国耐克公司都没能扛住上海人的自负,在长达两年的艰苦谈判无果后,他们不得不放弃在上海设厂。与上海人做生意时,要想谈成生意,我们一定要对这一点有心理准备。

生意人都有一种共识:"谁能立足上海,谁就意味着拥抱财富。"所以,上海是商家必争之地,这里商战十分残酷,但也因此,上海成了铸造商业精英的大熔炉。这些精英的商业手段之繁杂、经营思想之宽阔,令各地商

223

人惊叹。比如，广告战、价格战、品牌战等硝烟弥漫，奇招迭出。所以，要想和上海商人竞争，一定要非常有实力，且敢于大胆冒险。

京商做生意会考虑人情关系、地位差别、面子、名声等，而在上海，商人们很少考虑这些，经济利益是他们的唯一原则和目的。只要有钱赚，几个互不相识的人可以迅速结成同盟。所以，跟上海人谈生意，打人情牌是没有用的，得失的计算先于一切。

"礼尚往来"这一人际交往的原则，被上海人发展到了极端——等价交换。因为上海人的社交多有短暂性、局部性和表浅性等特点，所以上海人在交际时从不无缘无故地接受人情，即便接受了，还礼和受礼的价格基本相等。与之交往的时候，讲人情是没有用的，最好也不要欠人情，否则可能得罪沪商。

对一些沪商来说，我们的身份背景并不重要。不管我们是不是大人物的儿子或者亲戚，只要是来谈生意，且能为他们带来收益，他们就十分欢迎。

上海人法制意识很强，追求合理化，追求平等与规范。做生意时，沪商遵纪守法，从不造假卖假、偷漏税款、走私等，甚至连"擦边球"都不打。因此，我们与上海商人谈生意时，一定要按规矩办事，千万不要违法，否则就会失去他们的信任。

由于西方数百年商业传统对上海的深刻影响，上海人形成了凡事讲求公平合理的性格，且较为重视合同契约。因此，与上海人谈生意时，合同是不能少的，而且合同要内容全面、表述精确，特别对双方的责任、义务要有清楚的表述，甚至对可能出现的意外也要尽可能考虑，并有相应的对策条文。为保证合同有效，他们要求合同必须符合国家、地方的有关法律法规要求，不能够产生因可预见的主客观原因而使合同不能履行的情况。一旦合同签订，上海商人会严格按合同办事，绝不含糊。

从这点看，要是能和上海商人签订合同，我们对产品和服务都可以放心。但在签订合同时，我们一定要明白沪商的习惯，明确自己需要承担的责任，想出所有可能出现的意外和应对策略，以维护自己的合理利益。

此外，上海人习惯衣冠楚楚，也把服饰当作衡量一个人素质的标准之一。与上海人做生意时，我们要重视服饰举止，这既表现出对上海客户的尊重与重视，也体现了自身的素养。

上海商人是精明的，谈生意喜欢精打细算，重视经济利益，爱计较，但遵纪守约。了解了沪商的这些性格特点，我们可以有的放矢，有效地与他们展开生意上的合作。

实实在在地与勤俭的晋商谈生意

中国人从来不缺乏勤俭的品质，山西商人更是其中的表率。

山西山多地少、黄土漫天、土地贫瘠，所以早年贫穷的山西人不得不背井离乡，外出谋生。这也铸就了山西商人坚韧不拔、勤俭吃苦的品质。

清末商号"大盛魁"的创业者——王相卿，就是能吃苦的典型。他早年因生活逼迫外出经商，在与同伴合伙创业受挫之后，仍坚持在塞北安道杀虎口继续挑担生意。功夫不负苦心人，在不懈的坚持与努力下，他最后终于成为垄断草原市场的商界巨头。不过，这工作非常危险艰辛，要走西口、过草原、越沙漠，走数千里长的商路。夏天烈日炙烤，不见人烟。冬天朔风呼啸，途中冻僵而死者亦有。春秋季节，风吹丘移，埋路埋人。但是，山西商人就是凭着这股不畏艰难风险的创业精神，足迹遍及天下。他们曾自豪地说："凡是有麻雀能飞的地方都有俺山西人。"

白手起家的艰辛让山西商人最能体会成功的来之不易，因此他们非常节俭，不会轻易浪费自己或他人的一分血汗钱。他们不会滔滔不绝，也不会把自己的商品吹得天花乱坠，说的都是实实在在的东西。

因此，在与晋商谈生意时，铺张浪费的作风是不可取的。因为在他们看来，铺张的最终结果只会导致企业的衰败，他们可不愿与即将衰败的人一起走向没落。所以，大派头的见面仪式最好取消，宴席也尽量俭朴一些。而且，我们的语言功力最好加以收敛，不要滔滔不绝，夸夸其谈，实实在在的东西才能获得晋商的认可。

山西商人闻名四海的另一特性是崇尚信义。近代名人梁启超就曾经说过："晋商笃守信用。"据说，因为晋商的这一特性，他们的商品极有声誉。当年蒙古牧民只要看到刻印有"三五川""天裕川"字样的砖茶便争相购买，甚至以砖茶代替银两在交易中使用。

秉承传统的现代山西商人依然恪守着商业规则与职业道德，以真诚的行动和良好的信誉赢得顾客或合作者的信任。所以，与山西商人谈生意，我们尽可以大胆放心，他们不会玩欺诈，也不会见利忘义。当然，我们也要做到以诚实为本。比如，在谈判时申明合作中双方的责任，这样我们的信义将会引起山西人的注意、尊重和好感，他们才愿意和我们合作。

晋商奉行"薄利多销"原则，因为这样不仅销售速度加快，不会造成积压，没有损耗可言，而且资金的周转更加迅速，最终可以获得丰厚的利润。与此同时，山西人十分重视产品的质量与信誉，绝不允许以次充好，使产品质量下降。

所以，在和山西商人谈生意时，我们若售价太高，持太高的利润，未必能使自己的商品能够顺利流向市场。为了获得最大的利益，节约成本是最重要的，有时候要根据不同的情况制订不同的定价策略。只有这样，我们在合作时才更具有竞争力。

千万不要以为山西商人对信息一窍不通。事实上，他们在这方面了如指掌，"信息专家"是中国人对山西商人的雅称。早年的晋商为了获得经济情报和寻找商机，在商业总号和分号之间，五天一信，三日一函，交通情报。现代的晋商也非常重视信息的捕捉和反馈，许多大企业都有专门的市场预测人员去进行市场调研。在互联网时代，网络也成为新晋商们收集信息或分享信息的平台。

20世纪末，山西商人李明启承办了一家早已倒闭的街道办制胶厂。为了改善工厂现状，李明启准备在橡胶制品上大展宏图，却得知制胶业市场产品过剩。于是，他果断改变主意，选择转产皮革制品，制作手提包、背包、旅行包等产品，很快占领了市场。成功后，李明启再次转产，做牛皮鞋、皮箱、山羊革夹克衫，并发展壮大。

但李明启并没有松懈，为了了解市场信息，到处奔走。在一张海报的启发和市场调研后，他决定生产市场紧俏的"黄牛蓝湿皮"。结果，产品被一位外商看中，他获得了年供货5万张的订购合同书。之后，产品还出口日本、印度等亚洲各国。

与山西人谈生意时，我们要睁大眼睛，多看行情，竖起耳朵，多听动静，设法了解环境，掌握市场和竞争对手的情况。而且，我们还要关注竞争的态势，比如产品的市场占有率、知名度、销售走势、竞争的策略等。此外，国家的政策和法令、市场供求的状况、消费趋势等诸多因素，我们也要熟悉。

即使合作不成功，我们能够从他们口中获得的一些珍贵的信息也并非一无所获。即便是与晋商合作完成了，我们要想了解市场，或者想再一次合作，最好也要多和他们交流信息。

总之，晋商之所以能成为中国历史上叱咤风云的商业群体，在于他们具有大商人的素质和气魄，与他们合作谈生意，实实在在最好。

要给浙商留下稳妥可靠的印象

浙江人有一种与生俱来的天分——擅长经商。他们不怕吃苦，不畏艰难，有勇有谋，多大的买卖都敢做，多小的买卖也不嫌弃。因此，从古至今，浙江商人都是中国经济发展的中坚力量。

浙江商人一般根据地域，可分为以下几个主要群体：宁波商人、温州商人、湖州商人、萧绍商帮、台州商人、义乌商人。现在，我们以宁波商人和温州商人为例，来谈谈如何与浙商打交道。

宁波商人没有家园意识和守成享福的思想，具有冒险犯难精神，敢于开拓。所以，他们宁愿背井离乡，到广阔的世界里拼搏创业，正如梁启超先生曾说的"以性命财产为孤注，冒万险而一掷之"。

据统计，目前大约有9万宁波人移居港澳台及海外，遍布于日本、美国、新加坡、英国、俄罗斯、澳大利亚、马来西亚、加拿大等50多个国家和地区。而且，很多人都建立起自己的商业王国，比如香港的两位"世界船王"董浩云、包玉刚都是宁波人。而且，宁波商人赚了钱，不是买田置地或存到银行，而是继续投资，扩大商业版图。

与宁波商人做生意，要有冒险进取的精神，敢于和他们一起开拓新的领域，经营新兴行业。

宁波人敢闯，同时非常聪明，不做无谓的冒险，总是先谋后断，步步为营。所以，他们从来不会去做投机性生意，每一笔业务都力求稳妥可靠。在经营中，凡是可以预测到的，甚至是仅有可能出现的风险，他们都会坚决避免。

因此，我们可以和他们冒险，但是不要引诱他们去做投机的生意，最好给他们稳妥可靠的印象。当然，如果与宁波商人合作进行风险投资，他们的稳健之风则能帮助我们减少风险。

宁波商人之所以能在激烈的商战中立于不败之地，是因为他们头脑灵活，长于思考，善于机变。就拿"世界船王"包玉刚来说，当他的航运事业如日中天时，他却做出惊人决定——卖掉所有船只，投资香港地下铁路和隧道。原来，他预感到"两伊战争"对石油产量的影响必将殃及油船运输。此后，他又投资香港最大的国泰航空公司。可以说，这种眼观六路、耳听八方的本领，使宁波商人成为商界常青树。

宁波商人具有优秀的商业人文传统，讲究诚信，重视质量，待顾客非常尊重。客户一上门，他们总是笑脸相迎；携带不便，便送货上门；远道顾客，便招待食宿；买错货物，便允许调换。所以，与守信用、不欺诈的宁波商人做生意，我们会感到很便利、放心。

温州人是天生的生意人。只要能赚钱，他们什么生意都愿意做。因此，他们占据其他商人不屑一顾的那些领域，不声不响地富了起来。

同宁波商人一样，温州人也以出外做生意为荣，耻于常年在家厮守。现在，温州人已经遍布中国乃至世界了。北京城里有闻名遐迩的"温州村"，他们散布在大钟寺、五道口、沙窝和大郊亭，呈星状环绕着北京城；上海人最引以为豪的商品世界——南京路上，数以百计的店铺和柜台的真正主人却是温州商人；拉萨有一条以裁缝铺为主的"温州街"；在巴黎的13区和14区，住着的都是温州人，听到的都是温州方言……

温州商人非常务实，从不好高骛远，也不好大喜功。只要有一分钱赚，他们就会从零做起，一步一个脚印，十分踏实。因此，温州的小商品，如纽扣、标签、标牌、商标、小饰品、小玩具等，遍布全国。而且，温州人的商业头脑特别灵光，很善于从旁人漫不经心的事情中挖掘出赚钱的契机。当他们积累了资本后，就会把产品由小做大，从日常用的小物品做到高科技产业，越做越牛。

此外，浙江人善于交际。清末著名的红顶商人胡雪岩深受浙江文化和浙江商人的影响，深谙政商关系，擅长人际交往，最终成为商业财神。在这一点上，浙江绍兴的商人非常在行。他们往往利用各种关系获取市场信息，而圆润光滑的处世之道为其赚钱大开方便之门。

面对浙江商人的"甜言蜜语"时，我们一定要保持冷静，看出对方头脑灵活的商场老手本质，防止自己无意中把该说不该说的商业机密泄露出去。与此同时，我们也要用他们善于交际的特点，与他们保持良好的人际关系。

哪里有生意，哪里就有浙商。反过来说，哪里有浙江商人，哪里就有生意。与浙商打交道，我们要学习其踏实敢干的精神，要给他们稳妥可靠的印象，多与他们保持良好交往。

适当赞美和肯定敢拼敢赢的福建商人

"闽商"是福建商人的简称,被誉为"华商第一族"。中央电视台纪录片《闽商》中说道:"世界上,有海水的地方就有华人,有华人的地方就有妈祖,有妈祖的地方就有闽商。"可见,闽商非常善于出外经商。

事实上,福建不同地区的商人具有不同的性格特性,这对他们从商的成就造成了直接影响。从商人素质和商业精神的角度看,闽南商人才是闽商中的优秀代表,泉州、晋江、石狮等都出了很多大企业家和富豪。

《爱拼才会赢》这首歌在闽南家喻户晓,被闽南人自豪地称为闽南的"国歌",因为它十分贴切地刻画了闽南人那种勇于开拓、敢闯敢冒险的精神。闽南人信奉"少年不打拼,老来无名声""争气不如争财""三分本事七分胆"等,有敏锐的商业头脑,乐于经商、办企业、当老板。晋江恒安集团总经理许连捷改革开放后率先在家乡办起了服装加工厂,创立了以"安乐"卫生巾为主要产品的中外合资企业,可以说是一位敢为天下先、勇于冒险开拓的企业家。

和闽商接触时,适当赞美与肯定可以在对方心中起到极大的作用。因为闽南人是极喜欢闯荡的,他们喜欢创业,你对他们这一行为的赞美与肯定,将快速拉近你与他们的距离。退一万步说,敢于闯荡、勇于开拓与进取本来就是很好的商人品质,我们的赞美并非虚张声势。

闽南商人具有强烈的商品经济意识和市场观念,常常能发现商机,再加上敢想敢干,生意自然就不断壮大起来。因此,与闽南商人谈生意时,要多听取他们的意见，因为他们的意识总比其他人超前一步，对市场的观察也比较敏锐，有独特见解，会使我们受益匪浅。

俗话说："千精万精，买的没有卖的精。"闽南商人精于算计，想在他们面前耍聪明似乎是多余的。谈生意时，我们可能会感觉对方让人琢磨不透，直到最后才明白他们当初的真实用意。所以，与他们打交道之前，我们必须认清自己的利益所在，在没有看清他们行动的实质内容之前，切不可为表面的现象所迷惑。当然，如果能学来一招半式的，到真正用上时，也许会有奇效。

闽商精神中的要义就是"和"与"双赢"。由于传统文化的影响，闽裔侨商内部凝聚力非常强，一个企业常常是一个大家庭。而且，他们信奉"和为贵"，讲究和气生财。在他们眼中，每个人都是潜在客户，十分重视维护人际关系。无论在当时能否看出一个人是否有可利用之处，他们都一视同仁、友善敬重，从不过河拆桥，因而商运亨通，能做大做强。

把握住闽商"和为贵"的思想，多和闽商沟通，寻找双赢的策略是非常重要的。而且，"买卖不成仁义在"，就算这次合作未果，下次闽商还是会和我们做生意的。

无论我们是到福建旅游，还是与闽商打交道，总离不开茶。喝茶，喝功夫茶，是闽商的特色，他们也因而形成了低调、不张扬的"功夫茶性格"。闽商深得"锋芒毕露，动即有伤，是为凶器；深藏若拙，临机取决，是为利器"的为商处世之道，形成低调朴实的商业作风，使他们的事业获得不竭的发展动力。

北方人可能觉得闽南语非常难懂，但是它确是闽南商人重要的交际纽带。如果我们要到香港、台湾以及新加坡、马来西亚等地谈生意，会说闽南语将会使我们收获匪浅。尤其是那些早年就出海创业的闽南人，一定会非常激动，将我们作为尊贵的朋友。这一点也说明了闽南商人恋祖爱乡的精神。

此外，闽商非常乐于回馈桑梓，愿意为故乡做贡献。若是我们的生意对福建当地有益，那么定能争取到闽商或闽裔侨商的支持。

福建有"不当老板不算猛男"之说。创业，是闽南人人生的永恒乐趣，这是他们天生的商人品质。与他们打交道，我们要对他们敢拼敢赢的特征给予重视，认真对待。

一定要给湖北商人留面子

湖北人火爆、不服输的性格远扬中外。武汉当地还有句俗话——"没有杀不死的猪",意思是天下没有做不了的事情。汉口的汉正街可以算是武汉人不服输的经典作品了,街上全是从事小商品批发的商家,在改革开放之初是全国最大的小商品批发市场。

与湖北商人做生意时,我们要努力在双赢的策略下获利。而且,若能将湖北人这种上进精神为我们所用会更好。当然,小心不要和不服输的湖北人较劲儿,要懂得避其锋芒、适时进退,以表面的退让谋得实质的利益。

一般来说,湖北人做生意很少从一而终。这是因为湖北商人脑子活,总能瞄准利润高的商机不断转行,不断换目标。重庆湖北商会副会长黄伟,最初见摩配生意好做,就开了一个摩托车配件厂,专为整车厂商供货。后来他见摩托车行业不景气,转型做医疗器械,还办了一家医院。再后来,他又瞄上了高档酒店项目。而且,湖北人很有创新精神,从武汉鸭脖到老通城三鲜豆皮,从热干面到珍珠丸子,整个生产供销环节及经营手法,超过 90% 的创造都源自武汉。

与湖北人谈生意时,我们可以多和他们聊聊市场信息,从中说不定能发现商机。而且,鄂商翻新快,新招层出不穷,若是你需要出新出奇,他们也许能提供好点子。

但需要注意,由于善于花样翻新,所以湖北地区的水货和盗版也不少。

一位辗转于广州、厦门等地又折回武汉的商人说："没钱的时候，武汉是个好地方。"其意是武汉水货多，消费低，生活比较容易。但若是要找正品，那在湖北市场要仔细，小心买到水货。

湖北商人往往顾忌太多，非常警惕，在生意场上表现为"不当头"。不过，这种警惕其实来自于湖北人的聪明谨慎。在与湖北商人合作时，可尊重其意愿，不让他们当头。

要面子是出了名的。清乾隆年间，武汉商人赫老爷过六十大寿。曹雪芹送来两坛"酒"，并且亲笔写了贺幛。赫老爷为了炫耀自己与曹雪芹的交情，命人将这酒启封。在座客人每人喝了一口，觉得没有一点味道，却又连声赞道："真佳酿也！"但事实上这只是两坛水，因为"朋友之交淡如水"。赫老爷脸色阴沉，不好下台，片刻之后却哈哈大笑："高！妙哉！"并自我解嘲地说道："圣人有言，水淡而情浓，更显友谊之厚也。"众人点头称是。

湖北商人好面子，是因为他们深受儒商思想的影响，"名誉比生命更重要"的观念根深蒂固。因此，一旦被其他人伤了面子，即便生意是对双方有利的，他们宁可生意受损，也绝不让面子受损，不会与对方做生意。据说有一位东北商人初到武汉去谈生意，本来谈得很好，就是因为一句玩笑，使得对方丢了面子，结果不但生意泡汤了，连朋友都没得做了。

所以，与湖北人谈生意，价钱有时候并不是谈成生意最重要的条件，给对方面子才是重要的。如果能顾及对方的面子，他们可能会为你大开方便之门。

仔细研究，湖北人在情绪好时，堪称"美猴王"，豪爽大方，带点粗野，乐善好施，状似处处不饶人，但同时性直心善。所以，这时和他们打交道，那就必须有着大碗喝酒、大块吃肉的痛快。

与湖北商人打交道，牢记两点：一是湖北人不服输，要懂得进退；二是湖北人爱面子，多给对方留面子。把握住这两点，商谈应该比较顺利。

多谈钱、快做事能获得广东商人的认可

广东人认为一分钱可以难倒英雄汉，没有钱就不能活。为了挣钱，广东人踏实苦干，没有工夫空谈哲理、人生，对政治也不太有兴趣。

在广州、深圳等地的企业中，上至经理、厂长，下至普通员工，都觉得只有企业发展了，自己才能有足够的实惠。而且，很多企业经营得都非常好，但粤商一般不愿意介绍自己的经验，也不会把成功的秘诀轻易告诉别人，生怕引来竞争。

与广东人做生意，就要入乡随俗。即便你是北京商人，也千万不要和广东人谈政治。谈论政治引不起广东人的兴趣，甚至会造成他们的反感，认为你有政治背景，而不愿合作。简言之，和广东人要多谈钱，尽量不谈政治。

广东商人的口头禅是"要发财，忙起来"。在广东，很多人为挣钱忙忙碌碌，恨不得把一分钟"劈"成两分钟用。

广东商人之所以这么急，是因为他们机不可失、时不我待的观念特别强。所以，广东商人生产、经营的秘诀之一就是"上得快，转得快，变得快"。

与广东商人谈生意，慢是不行的：一是会错过商机，误了生意；二是跟不上广东商人的步伐，他们是不会同意合作的。再者，要是与他们竞争，慢脚步的我们必然要吃亏。而且，因为忙碌和快节奏，广东商人时间观念比较重，与他们会谈最好遵守时间约定，讲求效率。

近代凡是与西学有关的事物，大都是由广东人最先尝试的。所以，广东商人富有开拓精神，敢为天下先。在广东商人的性格中，只有"先"了才有意义，吃别人嚼过的馍没有味道，因此，他们敢冒风险，善于变通，一旦遇着机遇，就迅速发达起来。

和广东商人做生意时，要抓住他们喜欢标新立异的心理。若我们的生意富有新意，就能吸引广东商人的重视或投资。

与北京商人"酒香不怕巷子深"的观念相反，广东商人喜欢"王婆卖瓜，自卖自夸"。和广东商人打过交道的人都知道，他们在穿着打扮上讲求名牌，手表一定是世界名表；乘车，一般不会坐档次低的车；办公室一般都非常豪华，沙发非常高档。以上是为了表明他们有雄厚的经济实力。

这一点在商业上的表现就是广东人非常喜欢做广告，且广告做得非常有震撼力。当年，全国著名演员李默然做三九胃泰广告，开创了中国名人广告的先河。现在，广东商人更是把广告当作一种投入小、收益大的投资，因此敢出奇招。若是请广东商人帮忙宣传，促进销售倒是一个不错的方法。

不过，自夸总难免过"度"。谈生意之前，千万不要完全相信广告，最好做好调查，掌握真实的情况，这样到了谈判桌上，提出要求和条件才有理有据。

在广东，人言必言商与利。可以说，广东人具有天生的经商意识。与他们打交道，要多投其所好，多谈钱，做事高效快速，多说吉利的话。

与香港商人做生意要守信用

香港商人以"利"字当头，赚钱是人生的要义，有时候就连家庭内部成员之间，对功利也诸多计较。而且，谁聚集了大量财富，谁就是香港人心中赞许和崇拜的偶像。所以，与他们可以大胆讲价、谈价，不要谦让，能赚则赚。

在这样的氛围下，香港诞生了很多世界知名的富豪。这些人的辉煌成就，可不是天上掉下来的，而是在巨大的生存压力之下"搏"出来的。香港人非常勤奋，敢于冒险，有胆识，善于抓住每个赚钱的机会。

香港首富李嘉诚最初是推销员，他每天都要背一个装有样品的大包出发，马不停蹄地走街串巷。20岁时，李嘉诚被提拔为总经理，负责公司的日常事务。但是他并不满足于这样的成功，而是辞职创办了自己的塑胶厂。之后，他通过奋力拼搏，使自己成为塑胶花大王。之后，他投资房地产、科技等行业，最终成为令全球惊叹的庞大商业帝国的掌门人。

全球知名财经杂志《福布斯》曾如此评价他："环顾亚洲，甚至全球，只有少数企业家能够从艰困的童年，克服种种挑战，而成功建立一个业务多元化及遍布全球54个国家的庞大商业王国。李嘉诚在香港素有'超人'的称号。事实上，全球各地商界翘楚均视他为拥有卓越能力、广阔企业视野和超凡成就的强人。"

可以说，香港商人身上有一种不屈不挠的精神，无论遇到什么挫折，他们都会想办法忍耐，并不断寻求新的可能性。与港商交往时，可以学习他们在生意场上的那种全力以赴、绝不罢休的精神，也可以利用他们的"搏命"精神进行合作，销售自己的产品。但是，若与他们竞争，就要小心港商"搏命"式的挑战，最好及时做出反应，力争在市场上的主动权。

诚信是香港商人共同遵守的规则。在经营上，他们往往以诚信为本，少欺诈行为，所以和他们做生意可以放心，不会上当受骗。在与人洽谈生意时，港商十分注重个人的商业道德，认为生意的做成、利润的获得来自于商品和经营者的信誉，所以，他们总是做到有信用。

李嘉诚先生认为"一生之中，最重要的是守信"。他反复强调："要令别人对你信任，不只是商人，一个国家亦是无信不立，信誉诚实也是生命，有时候甚至比自己的生命还重要。"李嘉诚觉得自己做了这么多年生意，可以说其中有70%的机会是人家先找他的。这些都是为人守信带来的好处。

因此，无论何时何地何种情况，香港商人在答应别人去做某件事情之前，都会自己衡量一下各方面的条件，没有十足的把握，绝不乱下狂言。只有那些自己确定绝对可以很好办到，或虽有一定难度但是经过努力一定能够办到的事情，才对人做出承诺。这样做是为了避免将来可能的失信。李嘉诚也说："在做出每一个承诺之前，必须经过详细地审查和考虑。一经承诺之后，便要负责到底；即使中途有困难，也要坚守诺言贯彻到底。"

另外，香港商人对朋友可以说是慷慨大方，不过在生意场上不会感情用事，而是会循规蹈矩，该办的手续一定会办，该分的钱丝毫不马虎。从另一方面看，其实这也是对朋友的一种信任。

我们与香港商人谈生意时，一定要保持信誉，注意守诺，尤其是产品质量一定要保证。一旦我们出售假冒伪劣，或者有欺诈、不诚信的情况，那就无法获得港商的信任，产品也不能在香港立足。

在香港商人的身上，我们既可以看到浓厚的传统中国文化色彩，同时可以看到西方文化的烙印。在中西文化的影响下，香港商人往往比其他地区的商人显示出更多的智慧，他们将中西优势结合在一起，灵活机智，具有很强的现实适应性，表现出一种东方式智慧与西方式精明的综合，从而觅得商机。

与香港人做生意，不能对风水命理表现出不屑，要注意他们的相应心态，同时，要了解他们的风水忌讳，切勿自作主张移动或打破某些跟风水相关的物品。

此外，和香港人谈生意之前，必须对他们的生活方式有一个充分的认识和了解再交往，才不会失礼节，比如个人经历、运动爱好等。

总之，香港商人是中西合璧，智勇双全。与他们打交道，要言利，要讲信誉，不犯忌讳。